naTuRa

ITALIANO:

Ricollegandoci al tema della natura, che a mio parere trasmette tale foto, potrei parlare di Pascoli.

Bisogna anzitutto contestualizzare l'opera di Pascoli, perché a causa dei traumi subiti, tra cui la morte del padre e dei fratelli, segneranno profondamente i temi di cui tratterà. Proprio per questo motivo, la natura assume un significato molto importante: da un lato il paesaggio appare come un rifugio dalle minacce del mondo esterno, dall'altro affitto di immagini funebri che rinviano lutti e alle sofferenze del poeta, soprattutto nella raccolta Myricae. Alla radice di questa fitta rete di ricambi simbolici vi è il ricordo della morte del padre che diviene agli occhi di Pascoli emblema tangibile della violenza che pervade il mondo. Secondo Pascoli il male si divide in due: cosmico, ovvero quello naturale, per il quale non è possibile fare nulla, l'uomo è impotente; e sociale, il male che l'uomo sceglie, sopruso, inganno, gli uomini dovrebbero essere fratelli operare per il bene. Le raccolte poetiche di Pascoli vengono ripubblicate più volte a distanza di anni poiché sono in continua rielaborazione e riscrittura, Myricae passa da 22 a 153 componenti. All'interno della sua produzione non ricerca un avere propria evoluzione di forme e temi, ma una continua variazione di strutture emotivi, in un costante sperimentalismo che spinge l'autore a mettersi alla prova in ambiti e generi differenti.
In un saggio successivo "il fanciullino" utilizza la metafora di questo per affermare che nell'animo di ogni uomo vive un "fanciullino" capace di provare emozioni intense e ingenui. Mentre la maggior parte degli uomini crescendo abbandona questa dimensione infantile, solo il poeta resta un bambino nell'animo: egli è dunque l'unico capace di guardare il mondo con meraviglia e di dare voce alle proprie emozioni attraverso la propria poetica. Come poeti simbolisti francesi (Baudelaire, Rimbaud e Verlaine Pascoli considera la poesia una forma di conoscenza intuitiva rifiutando la logica come strumento di comprensione del mondo, ma si basa sulla sensibilità, stupore e l'immaginazione.
Il poeta privilegia una poesia in apparenza semplice e incentrata sulle piccole cose della natura, che assumono un valore simbolico e diventano specchio della sua sensibilità poesia pascoliane, infatti, incentrata su aspetti quotidiani e particolari più piccoli del paesaggio naturale. Questa attenzione non ha uno scopo realistico, al contrario vuole restituire alle singole cose loro aspetto più autentico ed arricchirle, il mondo esterno viene interpretato in chiave soggettiva in cui i diversi elementi della realtà naturale alludono a verità più profondi, spesso legati all'esperienza biografica del poeta. Le liriche pascoliane sono fitte di immagini simboliche attraverso le quali la realtà naturale rimanda ai traumi e a una visione turbata del mondo e della vita. Infatti, traumatizzato dei precoci lutti familiari, circa una costante dimensione protetta e chiusa che lo spinge a desiderare di ritornare agli anni sereni dell'infanzia e ricercare il nido familiare. Questa tematica suscita nel poeta un rimpianto alla famiglia originale creando una costante tensione tra nostalgia e paura del mondo esterno che esprime con le metafore di siepe (simbolo di protezione ed esclusione dal mondo), nebbia (simbolo di isolamento), cimitero (spazio chiuso ma protetto).
Dal punto di vista formale si avvale del fonosimbolismo per ricreare la musicalità, frasi brevi, metafore, un lessico vasto con spesso termini tecnici.

LATINO:
Sullo stesso tema della natura, mi sembra opportuno parlare di Plinio il vecchio.
Quest'ultimo, infatti, si è proposto di scrivere un'opera ovvero "Naturalis Historia", che doveva essere un'opera enciclopedica. Egli ambisce a racchiudere e sistematizzare ogni ramo della scienza, superando così opere simili che la letteratura latina aveva prodotto fino a quel momento, dimostrandosi consapevole della novità di quest'operazione. All'interno di essa sono presenti circa 20.000 dati suddivisi in 2000 volumi. Nel corso dell'opera gli ambiti disciplinari si succedono ordinati in base all'argomento trattato: si va dall'oggetto di studio più grande è quello più piccolo. Tuttavia, quest'opera non è il risultato di ricerche fatte dall'autore in prima persona: bensì egli consulta quasi 146 autori latini e 327 autori greci. E nella maggior parte dei casi registra le informazioni acriticamente, senza giudizio personale. Se da un lato egli cataloga le meraviglie i misteri della natura dall'altro, da grande spazio all'abilità dell'uomo e i suoi progressi. Tuttavia, sempre con una visione moralistica, egli identifica il progresso scientifico con la degenerazione dei costumi: gli uomini mettono nuove scoperte e invenzioni al servizio della propria brama di ricchezza e piaceri. Sebbene egli si sia dedicato a una grande ricerca, questo non avviene nel lessico, che a causa della vastità dell'opera non è molto rifinita, ad eccezione dei temi che stanno più a cuore a Plinio.

FILOSOFIA:
Tuttavia, la natura può essere intesa anche come natura umana, che nel caso della seconda rivoluzione industriale ha provocato il fenomeno dell'alienazione, di cui tratta Marx.
Marx parte dalla critica di un'economia capitalista che applica i propri fondamenti alle relazioni dell'umanità. La proprietà privata non è "naturale", dice Marx, e non esiste "da sempre", ma è legata una serie di processi storici,

lo sviluppo di una certa forma di economia e di certi rapporti sociali. Nei "manoscritti economico-filosofici" del 1844, Marx affronta per la prima volta in modo sistematico il tema della condizione operaia. In questa tesi è ancora influenzato da Feuerbach e riprende il meccanismo dell'alienazione. Descrive nel dettaglio la condizione alienata della classe operaia, e dice che essa si può riassumer nel fatto che tanto più egli lavora e produce, tanto più la sua condizione di indigenza e privazione peggiora. Nello specifico sono quattro accettazioni dell'alienazione, che considerate nel loro insieme rendono l'operaio estraneo al suo lavoro e alla sua stessa vita:

- *L'alienazione rispetto al prodotto del suo lavoro*, esempio l'insegnatane si aliena nel prodotto del suo lavoro, perché il prodotto del suo insegnamento negli alunni, che diventa poi lo studio negli alunni che porta al voto, *l'operaio si aliena nella macchina finita*;
- *L'alienazione rispetto all'attività produttiva*, esempio l'insegnata si aliena completamente nel preparare le elazioni, mentre la prepara si aliena in quella lezione, *l'operaio si aliena proprio nel macchinario che produce il prodotto* (perde la propria identità, dimenticandosi della propria soggettività alienandosi nell'azione che sta svolgendo);
- *L'alienazione rispetto alla "specifica essenza dell'uomo"*, perdiamo conoscenza di noi stessi, io mi aliena tanto nella macchina che perso il punto di vista, il focus inziale;
- *L'alienazione rispetto agli altri uomini, l'operaio si aliena nei confronti del suo capo*, perché siamo portati ad allontanare completamente il nostro essere soggetto, lo accantoniamo per soddisfare le esigenze del capo.

Per risolvere questo problema, Marx individua un'unica soluzione: la rivoluzione del proletariato. Solo in questo modo si può abbattere la classe della borghesia che sopprime il proletariato; tuttavia, la rivoluzione deve avere una grandezza mondiale affinché possa avvenire. Tuttavia, neanche Marx spiegare come questa possa avvenire, perché quando il proletariato prenderà possesso del potere dei mezzi di produzione, si passerà ad uno Stato del proletariato, o meglio una dittatura di esso. Bisogna agire in fretta contrastare la borghesia che vuole riprendere il potere. Però è una fase momentanea, ed è la prima volta che una maggioranza ha la meglio su una minoranza. Bisogna innanzitutto: statalizzare i mezzi di produzione, abolire l'esercito sostituendolo con operai armati e il parlamento deve essere guidato da delegati nominati a suffragio universale e sempre rimovibili, successivamente a pulire anche il privilegio burocratico. Però vige ancora una giustizia distributiva: la gente viene pagata e riceve incarichi e meriti sulla base di quanto lavora, di conseguenza la fase socialista deve essere superata. E si approda al comunismo, bisogna proseguire una giustizia e dall'Italia, nella quale non si viene pagati in base a quanto si lavora, bensì in base a quanto ce ne ha bisogno. Il concetto di Stato e potere si scioglie, tutti sono uguali e lavorano insieme per la comunità.

STORIA:
Invece il tema della natura durante la storia, secondo me può ricollegarsi al progetto di ruralizzazione del fascismo
Il fascismo criticava l'urbanesimo come la causa della decadenza demografica del paese, ed esaltò la campagna e il mondo contadino. Già annunciato nel 1925, il programma di "realizzazione" dell'Italia fu lanciato in grande stile da Mussolini nel 1927 si fonda principalmente sulla "battaglia del grano" e sulla bonifica delle aree paludose. Dal punto di vista socio-culturale, la ruralizzazione era destinata a fallire, dato che l'Italia, pur tra molte contraddizioni, aveva imboccato la strada dello sviluppo industriale della modernizzazione. Inoltre, rinunciò ad affrontare la questione meridionale. La "battaglia del grano" lanciata dal fascismo nel 1926 con la consueta retorica militarista, si proponeva di rendere l'Italia autosufficiente nella produzione cerealicola. L'obiettivo fu nel complesso raggiunto, ma a costo di produrre seri squilibri economici e ambientali, dato che la cultura del grano fu spesso estesa in modo improprio, determinando l'erosione del suolo. Il regime esaltò i successi della "battaglia del grano", ben aldilà dei suoi veri risultati, con martellanti campagne di stampa. A causa della crisi del 1929 della scarsa collaborazione dei grandi proprietari terrieri, ci si accontenta di realizzare alcune bonifiche modello per circa 350.000 acri di territorio, specie nell'agro pontino, nel Tavoliere di Foggia, in Veneto e in Emilia. La più importante però riguardo le paludi pontine.
ARTE:
E altresì, a mio parere, opportuno parlare di impressionismo nell'ambito artistico. In quanto un movimento che ha compiuto numerose ricerche su ciò che concerne il colore e la luce, concludendo che la luce migliore è quella

esterna e del giorno. Per tale motivo molti pittori impressionisti preferiscono dipingere en plein air. Un tema molto ricorrente infatti è quello dell'acqua, che non si acquieta mai, e che viene rappresentata nelle sue diverse increspature di colore, rese con la giustapposizione di colori puri che si fondono nella retina dell'occhio, permettendo al cervello di percepirli come omogenei. Anche perché, gli impressionisti ritengono che la realtà è soggetto a un'evoluzione continua, non costituisce uno stato definitivo ed acquisito, ma un incessante divenire. E si può definire chi l'ha data di inizio di questo movimento fu il 15 aprile 1874, quando alcuni artisti, le cui opere furono rifiutate delle mostre della città, decisero di organizzare una mostra alternativa dei loro lavori. Si presentarono con il nome di "società anonima degli artisti", e la mostra siete nello studio del fotografo Nadar. Ottennero il nome di "impressionisti", come critica in maniera ironica e derisoria. Questa stagione durò fino al 1886, anno dell'ultima ottava esposizione. Già da prima però, diversi contesti ideologici e rivalità artisti che avevano portato i componenti del gruppo a maturare scelte autonomi e a partecipare individualmente e Salon, che si stavano evolvendo. Dovrà successivamente vita al post impressionismo. Il nucleo fondamentale attorno al quale tutti gli impressionisti si stringeranno è formato dalla forte amicizia tra Degas e Manet. Di quest'ultimo possiamo citare la colazione sull'erba, un quadro che rappresenta due donne e due uomini immersi in uno sfondo naturale e in primo piano anche una natura morta.

INGLESE:

Invece dal punto di vista della letteratura inglese, una corrente che tratta di natura è sicuramente il romanticismo, basato sulle emozioni suscitate dalla natura che vengono poi riversate nella poesia.
The poetry of romanticism signalled a profound change in sensibility. Intellectually, it signalled the violent reaction to the spirit of enlightenment and was influenced by the revolutions in America and France. Emotionally, it tended to express an extreme assertion of individual subjective experience, but an individual who was depersonalised, fluid and open to the larger movements of nature and of the world.
Was a cultural trend originating in Germany in the 1770s, by the strum and drung. The poetry of Romanticism signalled a profound change in sensibility which was occurring in Britain and Europe at the time. Lyrical ballads and a Few other poems is a collection of poems first published in 1798 by Wordsworth and Coleridge. they are a mix of poetic productions, marking a break with neo-classical and classic verse, dealing with different typically romantic themes. the ballads are the most important volume of verses in English since the Renaissance and the second edition in 1800 also included the Preface, a theoretical introduction written by Wordsworth. in the Preface, the poet states that the poetic process inevitably starts from a sensory experience. While in contact with the natural world, the poet, who is extremely sensitive, can feel certain emotions that he later recollects in tranquillity and writes down in lines.
William Wordsworth and Samuel Taylor Coleridge wrote and published much of their work around the time of the French Revolution, and they are considered the first Romantic poets. The Preface to the second edition of their Lyrical Ballads indicates the principal ideas and themes which distinguished the Romantics from their classicist predecessors and can be considered a poetic manifesto for the Romantic movement as a whole. A characteristic of both poets is a belief in 'natural order' and a search for harmony and reconciliation between the natural and the human sphere.

SCIENZE:

Per quanto concerne scienze potrei parlare di come la natura umana sia basata sulla complessa struttura del DNA.
Il DNA è l'acido nucleico che si occupa dell'informazione genetica. I dati fondamentali sulla struttura tridimensionale del DNA furono scoperti grazie ai raggi X di Rosalinda Franklin, che mostrano un andamento elicoidale. Watson e crick e poi pubblicare un articolo in cui presentavano il modello a doppia elica, vincendo il Nobel per la medicina. Il DNA è costituito da due filamenti che scorrono in modo antiparallelo, in una doppia elica. Lo scheletro di filamento è costituito dalla sequenza di desossiribosio e gruppi fosfato uniti tramite legami covalenti. Le basi azotate di ogni filamento si uniscono con basi complementari del filamento posto tramite legami a idrogeno. La adenina può legarsi solo con la timina e la guanina solo con la citosina. Adenina e timina

formano due legami a idrogeno, invece guanina e citosina formano tre legami idrogeno; pertanto, sono questi che danno stabilità al DNA. I 2 filamenti del DNA sono anti-paralleli:

- uno in direzione 5'—> 3'
- uno in direzione 3'—> 5'

inoltre, è necessario specificare che ogni base può legare solo con la sua complementare; quindi, un filamento può essere usato da "stampo" per costruirne un altro complementari, nel processo di duplicazione, Durante il quale i due filamenti vengono separati e ognuno fa da stampo per creare uno nuovo e alla fine del processo avremo quattro filamenti identici, il DNA sarà duplicato. Le proteine come gli istoni organizzano il DNA e lo rendono disponibile per i vari processi. Il DNA viene organizzato all'interno del nucleo in delle strutture chiamate cromosomi, insieme di questi costituiscono il genoma e l'uomo possiede un corredo di 46 cromosomi.

FISICA:

Muovendoci sempre sulla linea della natura in fisica potrei parlare delle radiazioni, in quanto le conseguenze di queste possono essere gravi sia sull'uomo che sull'ambiente naturale. In particolare, vorrei parlare di colei che le ho scoperte, ovvero Marie Curie.

Marie Curie era originaria della Polonia e aveva intrapreso la sua carriera da insegnante, successivamente grazie ad un aiuto economico della sorella, riesce a trasferirsi a Parigi e condurre gli studi all'università della Sorbona dove si laurea in fisica e successivamente in matematica. A Parigi incontra anche quello che sarebbe stato il suo futuro marito ovvero Pierre curie, con il quale inizia una grande ricerca nell'ambito della radioattività, sulla base degli studi di Becquerel. La coppia riesce a isolare il polonio e il radio. Ma che cos'è la radioattività? Da cosa viene scatenata? è la proprietà che hanno gli **atomi** di alcuni elementi di **emettere spontaneamente radiazioni ionizzanti** e può avere origine naturale oppure artificiale (ad esempio negli elementi prodotti in laboratorio). Gli atomi, infatti, non sono tutti stabili e possono mutare nel tempo. Quelli con il peso atomico più grande, cioè **con un nucleo composto da molti protoni**, sono radioattivi e possono disgregarsi emettendo radiazione elettromagnetica (radioattività naturale). Oggi la radioattività ha numerosi campi di applicazione, come la medicina, e sono sempre di più gli elementi radioattivi che vengono prodotti in laboratorio. Tuttavia, occorre prestare attenzione e cautela: le radiazioni possono infati produrre danni agli organismi viventi. A tal proposito, in particolare sulle radiazioni emesse dall'energia nucleare, abbiamo avuto l'opportunità in classe di tenere un dibattito a riguardo. Siamo stati suddivisi in due squadre: una squadra favore di questa e una contro, dopo aver svolto delle ricerche con i compagni di gruppo ci siamo confrontati con l'altra squadra esponendo le nostre idee e i dati che abbiamo ricavato, cercando di fare riferimento anche alle catastrofi avvenuti in passato come Chernobyl e Fukushima.

RELATIVISMO

ITALIANO:

A mio parere quest'immagine non ha una visione unitaria, bensì più sfaccettature ognuna contenente un messaggio differente, e perciò esprime la relatività. Di conseguenza, e vorrei parlare della teoria delle maschere di Pirandello.

Dalle opere di Pirandello emerge la sua visione della realtà fondata sul pessimismo che rispecchia il senso di disorientamento e disagio esistenziale tipici del Novecento. Con l'affermarsi della società industriale, l'individuo si annulla e diventa parte di una massa anonima e spersonalizzata, oppressa da ritmi di lavoro, incomunicabilità e convenzioni borghesi. Le filosofie di Schopenhauer e Nietzsche ottimiste e razionali vengono sostituiti da un atteggiamento di relativismo. Ovvero una posizione filosofica che nega l'esistenza di verità assolute, sostenendo il carattere solo relativo e non oggettivo della conoscenza. Pirandello elabora una concezione del mondo e della vita, come afferma nel saggio "l'umorismo". In esso, Pirandello vede la realtà come parte di un flusso vitale continuo e inarrestabile dominato dal caso. Anche l'uomo è parte di questo dinamico flusso poiché è spinto dalla necessità di pensarsi come individuo coerente e cerca di ridurre la propria interiorità in una "forme" fissa e stabile attribuendo sia una personalità unitaria. Nella realtà, secondo Pirandello esistono molte personalità spesso in lotta in contraddizione fra loro. L'apparire prevale sull'essere l'uomo assume non una ma diversi "forme" ciascuna delle quali corrisponde diversi ruoli che la società gli attribuisce e coincidono con le convenzioni sociali con le regole della collettività. La persona si traduce a "maschera" o un insieme di maschere tutte diverse e tutte uguali. Ai suoi occhi tutta la società non è altro quindi che una "enorme pupazza data" è basata su convenzioni prive di significato. Siccome ognuno di noi è costretto a interpretare contemporaneamente i ruoli diversi, l'identità individuale si frantuma il singolo che si crede in "uno" in realtà si frammenta "100.000", tanti quanti i soggetti che lo servono, e si trova infine "nessuno". Non esiste più una verità oggettiva e univoca ma tante verità soggettive tutte ugualmente valide e allo stesso tempo, tutte ugualmente imperfette. Pirandello giunge così alla conclusione: dietro le molte maschere dell'individuo si cela solo il nulla. La personalità non è altro che una forma tante, frutto di un'illusione soggettiva ed inganno della coscienza. Gran parte dell'opera di Pirandello ruota intorno all'antitesi tra vita e forma l'uomo che soffre nel sentirsi oppresso dalle tante maschere che la società gli impone e inspira a ritrovare il libero fluire della vita. Il romanzo "il fu Mattia Pascal" dimostra proprio che non è possibile né all'interno di forme e convenzioni sociali né fuori di esse. Le possibili soluzioni sono: morte, follia e immaginazione. Tuttavia, spesso i personaggi pirandelliani si trasformano in quelle che lui chiama "maschere nude": consapevoli dell'insensatezza della vita e del carattere illusorio di ogni certezza osservano la propria esistenza con distaccata ironia.

Egli ricorre ad un linguaggio semplice con lo scopo di comunicare con un largo pubblico per renderlo opera una continua trasposizione di idee personaggi e vicende che da un testo all'altro come mostrano nelle sue novelle. Nella sua produzione si possono individuare fasi distinte:

- Prima fase: dedicata soprattutto alla narrativa e al romanzo in cui trova piena applicazione la politica dell'umorismo;
- Seconda fase: che coincide con la produzione dei principali testi teatrali;
- Ultimo decennio: che si concretizza nei miti teatrali e nelle ultime novelle in cui evidente le riflessioni sull'inconscio e sulle sue potenzialità.

L'opera pirandelliana si presenta estremamente innovativa sia sul piano della scrittura che delle forme, infatti, non ricerca una trama lineare, ma si concentra su eventi apparentemente insignificanti che diventano emblematici dell'assurdità della vita e delle sue contraddizioni. I personaggi deboli e inetti, incapaci di venerazione tormentati da dubbi e da un continuo ragionare su se stessi e la propria vita. Il centro della riflessione ha una struttura basata sull'inchiesta e sulla ricerca di una soluzione l'esordio della narrazione pone lettore a confronto con una situazione di per sé comica ma, che come una sorta di detective dell'animo ricerca ritroso le cause e le motivazioni fino a suscitare nel lettore compassione.

LATINO:

Le varie sfaccettature della vita, tuttavia, erano anche argomento del passato, come ad esempio la brevità della vita trattata da Seneca, il quale va a criticare coloro che spendono il proprio tempo in cose futili, di conseguenza la vita che gli è stata concessa sembrerà troppo breve.

Le opere filosofiche di Seneca furono raccolte, dopo la sua morte, sotto il titolo complessivo di Dialogi. non sono dialoghi veri e propri, bensì agili trattati destinati alla divulgazione del pensiero storico. Si tratta di dieci opere, nuove delle quali in un solo libro, è una, il De ira, in tre. Non tutte le opere di Seneca confluirono nei Dialogi. Ricordiamo il De Beneficis in sette libri, il De Clementia, dedicato a Nerone, e le 124 Epistulae morales ad Lucillium, in venti libri. Autonomamente sono giunte, anche, sempre dedicati a Lucilio, le Naturales questiones in sette libri, che trattano problemi scientifici e che furono composte nell'ultimo periodo della vita di Seneca. Seneca scrisse inoltre nuove tragedie di argomento mitico, derivate da modelli greci, ossia cothurnatae: Troiane, Medea, Edipo, Agamennone, ecc. Merita un discorso a parte l'Apokolokyntosis, l'opuscolo satirico che si rifà al genere letterario greco della cosiddetta satira menippea, composto in occasione della morte di Claudio (divinizzazione zucca). Restano altre opere non autentiche che si tramandano sotto il nome di Seneca. Tuttavia, a noi interesseranno maggiormente i Dialogi, dove troviamo De brevitate vitae. È però necessario chiarire chi Seneca aderiva comunque alla filosofia stoica, attorno alla quale scrive tutte le sue opere, ma non solo alla quale dedica tutta la sua vita. Nel trattato "sulla brevità della vita" dedicato al prefetto Paolino, Seneca afferma che il senso della vita non sta nella durata, ma nella qualità: nessuna vita infatti è veramente breve, se viene riempita di un significato. Perciò c'è chi ha vittima del tempo, e sono gli occupati, coloro che lo riempiono di attività futili giorno dopo giorno, mentre il sapiente è capace di dominarlo perché sa utilizzare consapevolmente giorni che il destino ha messo a sua disposizione.

FILOSOFIA:

Il collegamento tra il prospettivismo di Nietzsche e il tema del relativismo può essere compreso attraverso una comprensione delle posizioni filosofiche di Nietzsche e del concetto di relativismo. Il prospettivismo è un principio fondamentale nell'approccio filosofico di Nietzsche. Egli sostiene che non esiste una verità oggettiva o una prospettiva privilegiata, ma che tutte le percezioni e le interpretazioni del mondo sono influenzate dalla nostra posizione soggettiva e dalle nostre esperienze individuali. Il prospettivismo afferma che ogni individuo ha la propria "volontà di potenza" e che ogni prospettiva offre una visione parziale e limitata della realtà. Il concetto di **volontà di potenza** e difficile da definire. Innanzitutto, possiamo dire che essa include sia una sorta di **forza cieca** che muove il mondo sia la volontà umana. La volontà di potenza a che fare dunque, in primo luogo, con la **vita stessa**, che qualcosa di dinamico e in espansione e che agisce e reagisce agli stimoli. La vita sembra assomigliare a quella costante lotta per la sopravvivenza e per l'autoaffermazione di cui parlava Darwin. Nietzsche, però, esclude l'esistenza di un meccanismo che governa i processi della vita. Al contrario, per Nietzsche la vita è caotica, priva di regole e norme, dominata da una volontà cieca. Nietzsche propone quindi una visione elitaria e conflittuale dell'esistenza, in cui ogni solidarietà è negata, e che si pone in esplicita polemica con la diffusione della democrazia e delle conquiste sociali del XIX secolo. Il relativismo, nel contesto filosofico, è una posizione che sostiene che la verità, il valore o la moralità sono soggettivi e dipendenti dal contesto, dalle culture o dalle prospettive individuali. Il relativismo implica che non esiste una verità oggettiva o universale, ma solo verità relative alle diverse prospettive. Nietzsche afferma che il nichilismo può essere superato attraverso l'accettazione del prospettivismo e l'abbandono della ricerca di una verità oggettiva. Secondo Nietzsche, ogni individuo deve creare il proprio sistema di valori e interpretare il mondo sulla base della propria prospettiva, riconoscendo che tutte le verità sono relative. In questo senso, il prospettivismo di Nietzsche può essere interpretato come una forma di relativismo, in quanto afferma la molteplicità delle prospettive e la mancanza di una verità universale. Tuttavia, è importante sottolineare che il prospettivismo di Nietzsche non si limita al relativismo, poiché egli ritiene che alcune prospettive siano più vitali, creative o potenti di altre. In altre parole, Nietzsche non nega completamente il valore delle interpretazioni o dei valori, ma afferma che devono essere considerati in relazione alle condizioni e alle prospettive individuali. Nietzsche nega una verità oggettiva e la promozione di una visione pluralistica del mondo, in cui ogni individuo è libero di interpretare la realtà secondo la propria prospettiva. Tuttavia, è importante notare che il prospettivismo di Nietzsche va oltre il relativismo tradizionale, poiché sottolinea l'importanza della volontà di potenza e la valutazione delle prospettive in base alla loro vitalità e potenza.

STORIA:

In base alla foto e in linea con il pensiero di Nietzsche, potrei ora trattare della Belle Époque, definita così per mettere in contrasto l'atrocità della Prima guerra mondiale. Nel XX secolo si verificò un forte sviluppo economico, scientifico e tecnologico che migliorò le condizioni di vita di milioni di persone e favorì l'accesso delle masse alla vita pubblica. Tuttavia, l'industrializzazione e l'urbanizzazione non fu solo una cosa positiva, poiché il proletariato che lavorava nelle fabbriche, era costretto a vivere nelle periferie in condizioni igieniche pessime, e a differenza della borghesia nei loro quartieri erano assenti anche sistemi fognari ed elettricità. Di conseguenza, ciò creò una grande divario tra le due classi, che spesso il proletariato cerco di colmare attraverso i primi scioperi per conquistare maggiori diritti, non solo in ambito lavorativo ma anche sociale. Nello stesso periodo, in Italia, si sollevò anche la questione meridionale, poiché l'industrializzazione aveva avuto successo solo al nord, in particolare, nel triangolo industriale che comprendeva Genova, Torino e Milano lasciando escluso il sud che rimase molto arretrato. Nonostante tale situazione fosse stata sollevata da molti intellettuali, non fu mai presa seriamente in considerazione, nemmeno durante il fascismo.

ARTE:

mi sembra ora opportuno parlare di Picasso, esponente della corrente del cubismo, nonché movimento delle avanguardie artistiche. Queste sono nate in risposta agli eventi dolorosi che hanno caratterizzato gli anni precedenti, come le varie guerre. Ora gli artisti vogliono distaccarsi dai canoni del passato e andare oltre. Tuttavia, sono influenzate anche dalle scoperte dell'epoca come, ad esempio, la teoria dell'inconscio di Freud e la relatività ristretta di Einstein.

Obiettivo cubismo: abbandonare la visione prospettica, scomporre e ricomporre il dato reale su un piano in tutte le visioni, per rendere la totalità. Rendere la realtà nella sua totalità è necessario per dare una conoscenza totale all'osservatore, fornendogli una visione a 360° e dandogli più informazioni possibili sul dato reale in una visione simultanea.

Pablo Picasso nasce nel 1881 a Malaga. Il padre era un pittore e un insegnate d'arte. Picasso era un bambino prodigio, infatti a 10 anni frequentò scuola d'arte, nel 1895 venne ammesso all'Accademia di belle arti a Barcellona e poi alla Scuola reale a Madrid. A 14 anni espose una sua opera ad una mostra e fu apprezzato dalla critica "A 13 anni dipingevo come Raffaello. Ci ho messo una vita per imparare a dipingere come un bambino" —> secondo Picasso, riportare il dato reale così come appare è più semplice che reinterpretarlo. Nel 1901 si trasferisce a Parigi.

GUERNICA: È una città basca in cui si riuniva l'Assemblea di Biscaglia, sotto la quercia —> simbolo di libertà e pace che rappresenta la popolazione basca

Il 26 aprile 1937 durante la guerra civile spagnola, la città è stata bombardata alle 14.30. Quel giorno c'era il mercato, per cui il centro era pieno di massaie e bambini; in url momento videro passare in cielo degli aerei Condor (nazifascisti), che aiutavano Francesco Franco, bombardando la città radendola al suolo. Dopo il bombardamento la città era completamente distrutta. Migliaia di donne, bambini e animali morirono. Questo atto fu interpretato come un atto terroristico, poiché non c'erano dei fronti con la possibilità di difendersi. Picasso in quel momento era a Parigi e stava preparando il quadro da esporre all'Esposizione Universale; doveva realizzare un soggetto per sensibilizzare l'opinione pubblica contro Francesco Franco e i suoi alleati. Picasso era un pacifista, un democratico e contro guerra; perciò, quando prese la notizia del bombardamento, iniziò l'opera di Guernica.

In 2 mesi crea 50 studi dei soggetti e 7 versioni dell'opera; il tutto venne documentato dalla compagna Dora Maar. Guernica è un'opera molto grande (8 x 3.5 m)

Obiettivo: dare all'osservatore un grande impatto emotivo

Picasso rappresenta il caos che si lega al momento drammatico durante e dopo l'esplosione. Il caos viene rappresentato secondo d'uno studio che è perfettamente bilanciato in tutta l'opera. Il linguaggio dell'opera è di derivazione cubista, in cui le varie figure sono frammentate —> cubismo analitico; ciò avviene soprattutto nella parte bassa-centrale e meno nella parte alta —> cubismo sintetico

Picasso riproduce contemporaneamente:

- Visioni esterne, sul lato destro dove si trova un palazzo in fiamme con una persona che urla

- Visioni interne, sul lato sinistro dove si trova un lampadario

Questo perché dopo bombardamento la maggior parte delle strutture architettoniche vennero distrutte

- Lato Sinistro: una madre urla disperata con il figlio morto in braccio (si capisce da naso al contrario), ha la bocca spalancata. Valore simbolico-religioso —> la Pietà di Michelangelo

- Lato Destro: è il contrappeso del lato sinistro. La figura che esce dal palazzo in fiamme ha la stessa testa della donna con il bambino. Valore simbolico-religioso —> Maria Maddalena sotto la croce di Gesù

Tutto ciò indica che lo studio dell'opera avviene dal lato destro e c'è un andamento crescente, in modo da formare una piramide e altre figure che si sovrappongono. Altre figure presenti nel quadro sono:

- la donna che corre da destra a sinistra è spaventata

- la donna che esce dalla finestra

- il braccio che sporge con lampada ad olio che coincide con lampadario per posizione: queste sono 2 fonti di luce ad olio ed elettrica. Messaggio —> la guerra crea degrado e un ritorno al passato in senso tecnologico, stato di regresso

- il cavallo ferito ha la bocca spalancata, la lingua sporge come delle punte di una lancia, Messaggio —> anche gli animali furono coinvolti nell'esplosione

- il toro indica l'irrazionalità dell'orrore dell'azione terroristica (—> Sonno della ragione genera mostri, Goya)

- nella parte bassa c'è un soggetto esanime sdraiato per terra con la mano spalancata, morto e con la spada spezzata. Valore simbolico —> mettere un fermo alla guerra e ai combattimenti

- il particolare del fiore sopravvissuto alla strage, reso come i bambini. Messaggio —> simbolo di vita, speranza e rinascita. L'azione del bombardamento è ancora in atto e ciò si capisce dalle parti chiare, che sono i bagliori delle esplosioni. Ciò dà l'idea del rumore degli aerei e le urla delle genti ferite e morte; le case in fiamme danno l'idea dell'odore delle case e dei corpi bruciati

L'opera ha linee morbide e spezzate. La superficie è piana. Il colore è planimetrico e monocromo; infatti, Picasso utilizza solo il bianco e nero (colori non approvati dagli impressionisti), perché colori danno all'osservatore idea della vita, ma in questo caso è presente solo la morte. Inoltre, la scelta dei colori è dovuta al fatto che Picasso vede la notizia del bombardamento sul giornale, che riportava delle foto in bianco e nero e perciò decide di non usare colori —> Idea della morte.

INGLESE:

legato al relativismo, per quanto concerne inglese, sicuramente c'è James Joyce, il quale influenzato dalle filosofie di Freud e Bergson, concepisce la tecnica dell'Epiphany, la medesima utilizzata da Woolf ovvero la "stream of consciousness".

James Joyce was born in Dublin in 1882, from a Catholic family. His main works are: Dubliners and Ulysses. He's considered one of the most important modern novelist and he sets most of his stories in Dublin, or more in general in Ireland. What is the interior monologue and the epiphany? especially in the latest period Joyces uses a lot of INTERIOR MONOLOGUE: uses both direct and indirect, through this technique the author disappears and we enter directly into the character's mind. Another characteristic of Joyce's works is the EPIPHANY: is a sudden revelation that some characters experience at one point of the story, is a moment where a spiritual awakening is experienced -the epiphany produces a new awareness, like if we can truly understand things and life now can be compared to Woolf's "moments of being". Joyce thought that the role of the writer was to record these epiphanies with extreme care. Now let's focus on his masterpiece, Ulysses, which is a novel made of 18 episodes and the protagonist is Leopold Bloom, Joyce tells the story of one day of him. During the day, after breakfast, he finds Dedalus, then he comes back home where he find his wife. The story is based on Homer's Odyssey, but in a more ironic way, in fact we can consider bloom as an antihero.

SCIENZE:

Nonostante nelle scienze non sia mai possibile trovare qualcosa che sia relative e poiché è sempre tutto concreto, potremmo comunque in questo caso intendere relativa la questione sull'isomeria.

Siccome è possibile formare un'ampia varietà di composti organici e anche possibile che una formula molecolare possa corrispondere a più composti. Questo fenomeno prende il nome di isomeria: si dicono isomeri composti che hanno la stessa formula molecolare, ma differiscono nelle connessioni fra gli atomi (isomeria di struttura) UNI la disposizione degli atomi nello spazio (stereoisomeri).

- Isomeria di struttura: può essere di tre tipi isomeria di catena, isomeria di posizione isomeria del gruppo funzionale.

  - Isomeria di catena quei composti in cui gli atomi di carbonio si dispongono diversamente nella catena, dando origine a ramificazioni. Tutti gli idrocarburi con numero di atomi di carbonio uguale o superiore a quattro possono avere isomeri di catena.

  - Composti insaturi, contenenti gruppi con atomi diversi di carbonio possono avere stessa formula molecolare ma essere isomeria di posizione perché differiscono per la disposizione del doppio o triplo legame.

  - I composti organici sono in gran parte caratterizzati da un gruppo funzionale che conferisce alla molecola determinate proprietà chimiche e fisiche. Una stessa formula molecolare possono corrispondere i composti che hanno gruppi funzionali diversi in questi casi si parla di isomeria del gruppo funzionale.

- Serio isomeria: sono i sono i particolari, con lo stesso tipo di legami e gruppi funzionali, atomi, ma diversa disposizione dei loro atomi nello spazio. Vi sono due tipi di stereoisomeria: l'isomeria cis-trans e isomeria ottica.

  - Isomeria cis trans: può avere luogo e molecole che differiscono per la disposizione dei due gruppi rispetto un doppio legame carbonio-carbonio. Perché si verifichi ciascuno dei due atomi di carbonio ibridati sp2 Deve essere legato a due atomi o gruppi di atomi (sostituenti) tra loro diversi.

  - isomeria ottica sia per i composti che si dicono chirali. Come la mano destra rispetto alla sinistra. La chiralità è una proprietà di molti oggetti asimmetrici, come le mani, le forbici. Un centro chirali (o stereo centro) sia quando un atomo di carbonio con ibridazione sp3 porta allegati quattro diversi sostituenti. Isomeri che sono l'immagine speculare l'uno dell'altro prendono il nome di enantiomeri. Le proprietà chimiche dei due enantiomeri sono identiche quando questi reagiscono con molecole non chirali, mentre differiscono nei confronti di quelle chirali.

FISICA:

Invece, in questo caso è più semplice trovare un argomento che riguardi la relatività in fisica, perché nel XX secolo grazie ad Einstein si ebbe un enorme passo avanti grazie alla teoria della relatività ristretta e per l'invarianza della velocità della luce.

Considerando una macchina che percorre una strada rettilinea a velocita di 30m/s immaginiamo che ad un certo punto un passeggero lanci una palla ad una velocità di 10m/s rispetto all'automobile. Le trasformazioni di Galileo dicono che:

- Se la palla lanciata in avanti, la sua velocità nel sistema di riferimento dell'autostrada è la somma della velocità della macchina più quella della palla. 30m/s + 10m/s = 40m/s

- Se la palla è lanciata all'indietro, la sua velocità nello stesso sistema di riferimento è la differenza tra la velocità della macchina e la velocità della palla. 30m/s - 10m/s = 20m/s

In base alle equazioni di Maxwell, la regola che vale per la palla non vale per la luce. La luce emessa da un'astronave in avanti all'indietro alla stessa velocità in tutti sistemi di riferimento inerziaziale: entrambi i fasci di luce si propaga la velocità c, sia rispetto all'astronave sia, per esempio, rispetto al sole. Verso la fine del XIX secolo si pensava che le onde luminose, in analogia con quelle meccaniche, si propagassero in un particolare mezzo materiale chiamato **etere luminifero**, presente ovunque nell'universo. Ammettendo l'esistenza dell'etere, Maxwell suppone che le leggi dell'elettromagnetismo fossero valide solo nel sistema di riferimento in cui lettere è in quiete. Su questa teoria verrà fatto un esperimento da Michaelson e Morley che risulterà fallimentare, perciò questa teoria non verrà accettata. La contraddizione tra meccanica ed elettromagnetismo ha portato la fisica classica ad una crisi. Albert Einstein propose di abbandonare i vecchi schemi e rifondare la fisica su due principi:

- **Principio di relatività ristretta**. Le leggi e principi della fisica hanno la stessa forma in tutti sistemi di riferimento inerziali.

- **Principio di invarianza della velocità della luce**. La velocità della luce nel vuoto è la stessa in tutti sistemi di riferimento inerziale, indipendentemente dal modo del sistema o da quello della sorgente che emette la luce.

Per Galileo le leggi della meccanica non devono cambiare da un sistema di riferimento nel cielo all'altro. Einstein estende lo stesso principio della meccanica a tutta la fisica. Il primo principio nasce dalle convinzioni di Einstein che la natura sia regolata da leggi semplici. Infatti, la fisica è più semplice se tutte le leggi sono le stesse in ogni sistema inerziale. Il secondo principio è un caso particolare del primo: se le leggi della fisica sono le stesse in tutti i sistemi di riferimento, in ognuno di essi valgono le equazioni di Maxwell, che prevedono un unico valore per la velocità della luce nel vuoto. Siccome la luce è la stessa sia nel sistema del sole che in quello della terra, la percorrenza dei bracci dell'interferometro non dipendono da come orientato rispetto al moto relativo dei due sistemi: ecco perché la interferenza non varia.

Einstein concepirà il concetto di dilatazione dei tempi secondo cui: gli orologi in movimento rispetto annoi sono più lenti dei nostri non dipende dagli orologi, ma dal tempo: un orologio in un sistema di riferimento diverso da quello in cui è in quiete, scandisce un tempo diverso, rallentato. Questo fenomeno è reciproco. Se un astronauta passa davanti a noi muovendosi rapidamente e noi vediamo che il suo orologio va più lento per lui invece è il contrario. Se così non fosse, il principio di relatività ristretta sarebbe contraddetto. Tuttavia, la dilatazione relativistica dei tempi di Einstein non vale solo per gli orologi, ma per tutti i fenomeni naturali. Immaginiamo un astronauta che all'età di vent'anni viaggia verso una stella, invece, il suo gemello rimane sulla terra. L'astronauta impiega 10 anni per raggiungere la stella e quando si rincontrano di nuovo, Bruno a trent'anni e Carlo ne ha 52.

ITALIANO:

Facendo riferimento al nucleo della memoria, a mio parere sarebbe opportune parlare di Pascoli, in quanto un autore che durante la sua vita ha subito numerosi traumi, in particolare la Perdita del padre, che ricorre spesso come tema nelle sue opere, tramite simboli funebri e che rimandano alla ricercar del nido famigliare ormai perduto.

Per questo motivo, egli si avvale spesso della natura, che assume un significato molto importante: da un lato il paesaggio appare come un rifugio dalle minacce del mondo esterno, dall'altro affitto di immagini funebri che rinviano lutti e alle sofferenze del poeta, soprattutto nella raccolta Myricae. Alla radice di questa fitta rete di ricambi simbolici vi è il ricordo della morte del padre che diviene agli occhi di Pascoli emblema tangibile della violenza che pervade il mondo. Secondo Pascoli il male si divide in due: cosmico, ovvero quello naturale, per il quale non è possibile fare nulla, l'uomo è impotente; e sociale, il male che l'uomo sceglie, sopruso, inganno, gli uomini dovrebbero essere fratelli operare per il bene. Le raccolte poetiche di Pascoli vengono ripubblicate più volte a distanza di anni poiché sono in continua rielaborazione e riscrittura, Myricae passa da 22 a 153 componenti. All'interno della sua produzione non ricerca un avere propria evoluzione di forme e temi, ma una continua variazione di strutture emotivi, in un costante sperimentalismo che spinge l'autore a mettersi alla prova in ambiti e generi differenti.

In un saggio successivo "il fanciullino" utilizza la metafora di questo per affermare che nell'animo di ogni uomo vive un "fanciullino" capace di provare emozioni intense e ingenui. Mentre la maggior parte degli uomini crescendo abbandona questa dimensione infantile, solo il poeta resta un bambino nell'animo: egli è dunque l'unico capace di guardare il mondo con meraviglia e di dare voce alle proprie emozioni attraverso la propria poetica. Come poeti simbolisti francesi (Baudelaire, Rimbaud e Verlain Pascoli considera la poesia una forma di conoscenza intuitiva rifiutando la logica come strumento di comprensione del mondo, ma si basa sulla sensibilità, stupore e l'immaginazione.

Il poeta privilegia una poesia in apparenza semplice e incentrata sulle piccole cose della natura, che assumono un valore simbolico e diventano specchio della sua sensibilità poesia pascoliane, infatti, incentrata su aspetti quotidiani e particolari più piccoli del paesaggio naturale. Questa attenzione non ha uno scopo realistico, al contrario vuole restituire alle singole cose loro aspetto più autentico ed arricchirle, il mondo esterno viene interpretato in chiave soggettiva in cui i diversi elementi della realtà naturale alludono a verità più profondi, spesso legati all'esperienza biografica del poeta. Le liriche pascoliane sono fitte di immagini simboliche attraverso le quali la realtà naturale rimanda ai traumi e a una visione turbata del mondo e della vita. Infatti, traumatizzato dei precoci lutti familiari, circa una costante dimensione protetta e chiusa che lo spinge a desiderare di ritornare agli anni sereni dell'infanzia e ricercare il nido familiare. Questa tematica suscita nel poeta un rimpianto alla famiglia originale creando una costante tensione tra nostalgia e paura del mondo esterno che esprime con le metafore di siepe (simbolo di protezione ed esclusione dal mondo), nebbia (simbolo di isolamento), cimitero (spazio chiuso ma protetto).

Dal punto di vista formale si avvale del fonosimbolismo per ricreare la musicalità, frasi brevi, metafore, un lessico vasto con spesso termini tecnici.

LATINO:

Un altro autore che si occupa di ricordare un componente della propria famiglia ormai perduto, nonostante il grande distacco temporale, è Tacito. Quest'ultima, infatti, scrive un'opera biografica di esaltazione nei confronti del suocero Giulio Agricola, grazie al quale l'Impero Romano è riuscito a conquistare la Britannia.

Tacito è considerato tra i più grandi storici della letteratura latina, che oltre a scrivere opere storiche di cui ricordiamo le Historiae e gli Annales, scrive un encomio nei confronti del suocero Giulio agricola, comandante militare distintosi per la conquista della Britannia, di cui era stato anche il governatore. Successivamente sarà richiamato a Roma da Domiziano, e morirà in circostanze sospette. All'interno di quest'opera agricola viene messo nella miglior luce possibile, inoltre, il racconto comprende un excursus di carattere geografico ed etnografico sui popoli che la abitano. Tacito lodava indirettamente se stesso e la propria famiglia, un'operazione non casuale. Infatti, viene scritta nel 98, momento in cui cambiato regime alla figura di Domiziano sono succeduti Nerva e Traiano. Per non generare sospetti di collaborazione con il vecchio regime serviva riportare alla memoria agricola e presentarlo come una vittima del crudele imperatore passato. Il protagonista viene raffigurato come rappresentante dell'antica virtus romana non contaminata dalla corruzione della capitale: un vir bonus che ha saputo affrontare le vicende della vita con coraggio e nobiltà. L'idea di Tacito è che chi intende servire lo Stato, anche sotto un governo ingiusto, deve compiere dovere usando prudenza e moderazione, mentre ribellione aperta oltre che essere inutile, porta rovina di chi la pratica produrre danni alla collettività. Non per questo bisogna cedere servilismo e silenzio acquiescente; Agricola incarna questo modello, seppe mantenere dignità anche i momenti duri di oppressione. Parte più notevole, dedicata strepitosa vittoria contro Caledoni, nell'83 presso mote Graupio. Questi erano molto più numerosi, ma esercito romano nel pieno della sua efficienza. Prima battaglia due comandanti arringano truppe. Tacito riferisce discorso di Calgàco, il loro comandante, del quale poi non darà più notizia; e la volta di Agricola, pronuncia discorso modello, degno di un comandante romano, esortando suoi e mostrando tranquilla fiducia vittoria. Fra i tuoi discorsi, maggiore fascino quello di Calgàco. Parole di un uomo fiero e libero, verso il quale tacito sembra orienti propria simpatia, uomo che si batte insieme popolo per libertà contro invasori. Questo discorso contiene parole possono valere a commento qualsiasi imperialismo di qualsiasi epoca: i romani devastano, depredano, sottomettono sia popoli ricchi che poveri, per smania di potere. Nessuno riesce a fermarli sono arrivati sino confini del mondo. Tacito riporta questo discorso ma rovescia la prospettiva, ponendosi dalla parte dei nemici sconfitti; in fin dei conti egli nutriva qualche rispetto per questi barbari, che difendevano la loro libertà ed erano si feroci e selvaggi, ma non ancora corrotti dalle mollezze e dall'opportunismo dilaganti a Roma.

FILOSOFIA:

Sigmund Freud, di origini ebraiche, nacque a Vienna. Si laureò in medicina, dopodiché inizio le prime esperienze nel campo medico, sperimentando anche la tecnica dell'ipnosi, tuttavia, egli capì subito che essa non era efficace e iniziò gli studi su quella che avrebbe rivoluzionato di lì a poco la psicologia ovvero la scoperta dell'inconscio. Nel corso degli anni 20 del Novecento, per l'effetto della grande guerra, e li modifico alcune tesi di fondo del suo pensiero. La psicoanalisi presenta tre aspetti fondamentali:

- È un procedimento volto all'analisi dei processi mentali inconsci;

- È una forma particolare di psicoterapia, che sviluppa il metodo delle libere associazioni e dell'interpretazione dei sogni e che presuppone lo sfruttamento del **transfert**, una particolare relazione che si instaura fra analista e paziente; porre delle continue domande in modo che il paziente riesca ad arrivare alla motivazione e la risolva da sola, ma in questo rapporto, secondo Freud, accade il transfer ovvero riconoscere il paziente nel dottore, come il caso della Spielrein, conoscere e risolvere le problematiche immedesimandomi nel paziente;

- È una teoria sul funzionamento psichico dell'individuo sia normale che non.

È giunto alla conclusione che l'ipnosi presentava effetti terapeutici poco durevoli, non era sempre facile da indurre e risultava di fatto un'imposizione coercitiva da parte del terapeuta sul paziente. Proprio questo carattere impositivo rischiava in ultimo di influenzare i pazienti, invalidando così l'intero processo terapeutico. Emblematico in questo senso fu il caso di Anna O.: per la prima volta, in dissenso con Breuer, Freud tentò nuove ipotesi di indagine, in particolare, inizio a pensare che listeria avessi una relazione con la sfera sessuale che fosse anzi da imputare a un trauma psichico di natura sessuale (ipotesi rifiutata da Breuer). Cambiando la tecnica Freud comprende che le problematiche dei suoi pazienti erano dovuti alla loro infanzia, e in particolare al loro rapporto con la sessualità; perciò, il grande problema dell'essere umano è una sessualità non risolta. Tutti coloro che in età adulta presentano una problematica mentale da piccoli hanno avuto un trauma o una sessualità repressa. Freud giunse alla conclusione che i traumi sessuali risalgono all'infanzia. Il bambino perde la sua immagine tradizionale di innocenza e incomincia ad apparire affetto da complesse pulsioni sessuali, alla cui felice risoluzione corrisponde una vita psichica normale nell'individuo adulto. A questo punto Freud modifica la prospettiva di Breuer:

- Retrodata la ricerca delle origini delle singole manifestazioni nevrotiche;

- Attribuisce alla nevrosi una natura sessuale;

- Elabora nuove strategie di indagine con interpretazione dei sogni, le libere associazioni e il transfert.

Nel sogno, secondo Freud, si manifestano sotto forma di simboli i nostri pensieri e desideri repressi dal conscio. Uno dei sogni tipi che Freud riporta nell'Interpretazione dei sogni è: quello di essere nudi di fronte agli altri, provare grande imbarazzo, ma non riuscire a muoversi per sottrarsi agli sguardi. Nel sogno colpisce l'indifferenza degli altri che guardano. Tale sogno esprime un ricordo della primissima infanzia, in cui è usuale essere nudi senza vergogna in presenza di altri, e al tempo stesso manifesterebbe nel paziente adulto un desiderio represso di esibizionismo. All'interpretazione dei sogni si associa quella degli atti maldestri, dei lapsus, delle dimenticanze, cioè di quell'insieme di comportamenti che Freud definisce psicopatologie della vita quotidiana, per citare il celebre titolo della sua opera omonima: tali comportamenti costituiscono una sorta di percorso a ostacoli nella ricerca delle ragioni profonde dei trami comportamentali di coloro che sono sottoposti ad analisi.

Tra i metodi più famosi della psicoanalisi è sicuramente quella delle libere associazioni, durante la quale al paziente viene lasciato al libero flusso dei suoi pensieri, dopodiché quando si presenterà un blocco, a causa dell'inconscio che cercherà di reprimere un trauma, lo psicoanalista dovrà porre una serie di domande per superarlo. Tuttavia, durante la terapia psicoanalitica si manifesta un particolare fenomeno, il transfert. Ovvero, quando il paziente rilascia emozione di amore e odio sullo psicoanalista, diventandone dipendente tanto da rendere difficoltosa l'interruzione della terapia. Allo stesso modo anche lo psicoanalista potrebbe immedesimarsi nel paziente, come il celebre caso della Spielrein. Un'altra tecnica è quella dell'abreazione, ha lo scopo di provocare una forte emozione tale da rievocare alla memoria del paziente il trauma subito. A fondamento del metodo psicoanalitico vi è l'idea che i traumi psichici derivino da rimozioni di pulsioni sessuali, cioè di quella che Freud definisce libido. La libido è la pulsione sessuale ingovernabile, capace di produrre stimoli e desideri in misura soverchiante per il poggetto e in modo continuo. Freud non solo la riflessione sulla nevrosi, ma anche tutta la teoria della formazione della personalità si basi sulla progressiva condizione di adattamento o rimozione delle pulsioni libidiche.

STORIA:

Continuando con il tema della memoria, molti Stati all'imminente scoppio della Seconda guerra mondiale erano contrari, poiché nella memoria del popolo era ancora vivo il ricordo delle atrocità della Prima guerra mondiale.

La prima guerra fu una guerra oltre che mondiale anche di massa, sia perché mobilitò circa 70 milioni di uomini, sia perché lo sforzo che richiede a tutti gli Stati che vi presero parte e fu così elevato da coinvolgere ogni aspetto non solo della vita civile, ma anche della vita privata delle persone. Di massa, invece, inteso perché vengono investiti tutti i campi: le radio, cinema, le persone in città, in campagna. Dato che la guerra coinvolgeva tutti, essa fu combattuta, oltre che sui campi di battaglia, anche sul cosiddetto "fronte interno", cioè nei confronti della comunità nazionale. Nacque così una nuova forma di propaganda, finalizzata a indirizzare l'opinione pubblica. La mobilitazione diede luogo alla militarizzazione della società, in cui a chi manifestava qualche dubbio era negato il diritto di parola. In tutta Europa prevalsero governi di emergenza nazionale o di "unione sacra", come si dice in Francia, che il nome dei supremi interessi della patria videro collaborar e conservatori, liberali e socialisti.

La Prima guerra mondiale fu una guerra di posizione, fondamentalmente difensiva. Non per scelta, perché anzi il piano d'attacco tedesco, noto come piano Schlieffen, prevedeva un'azione rapida e incalzante per neutralizzare in breve tempo le armate nemiche, cioè una guerra di movimento. Lunghe linee di trincee, capisaldi, casermette e reticolati si disegnarono sui fronti del conflitto. Data la sostanziale parità delle forze in campo, ben presto gli eserciti nemici si assestarono su lunghissime linee di fronte; milioni di uomini caddero in assalti che, nel migliore dei casi, strapparono al nemico pochi chilometri di terreno. L'esperienza della vita in trincea, fatta di privazioni, terrore, esplosioni e carneficine, fu un trauma devastante per coloro che vi presero parte, e le sue conseguenze psicologiche e morali si fecero sentire a fondo nel dopo guerra. Viene conosciuta come guerra di logoramento o di trincea, per la gran parte del periodo di guerra gli uomini vivevano all'interno delle trincee, queste servivano per attaccare segretamente il nemico, però allo stesso tempo le trincee erano luogo di morte a causa delle precarie condizioni di vita, infatti, spesso la madre patria faceva mancare ai soldati acqua, cibo, a cui si aggiungeva che queste erano sotto terra. Questa fu la guerra con più numero di morti militari a differenza della Seconda guerra mondiale che ha avuto il più numero di morti civili.

Sul fronte italiano, una delle maggiori sconfitte che ha fatto crollare il morale della popolazione, è senz'altro la sconfitta di Caporetto. Durante questa, tenutasi nel 1917, l'impero Austroungarico decide di attaccare l'Italia penetrando a nord, nel frattempo a capo dell'esercito italiano c'era Cadorna, la cui tattica si era già rivelata inefficace. Incalzanti degli avversari, che avevano a tappe forzate, le truppe italiane si ritirarono rovinosamente, lasciando agli austro-tedeschi il Friuli è una parte del Veneto. Il fronte si abbassa fino al fiume Piave, dove i soldati italiani, con una strenua resistenza, restarono nemici, impedendo loro di dilagare nella pianura padana. Sul piano politico si creò un clima di unità patriottica che coinvolse anche alcuni importanti dirigenti socialisti, primo fra tutti Filippo turati. Il 30 ottobre Boselli, succeduto a Salandra, fu sostituito alla guida del governo da Vittorio Emanuele Orlando. Infine, il nuovo capo dell'esercito, Armando Diaz, migliorò la situazione morale e materiale dei soldati e si preparò il contrattacco grazie all'apporto di truppe fresche.

ARTE:

LA PERSISTENZA DELLA MEMORIA

La tecnica di Dalì è veramente capace, iperrealistica. C'è una scogliera e una spiaggia, probabilmente il paesaggio spagnolo. Poi si aggiungono altri dettagli, oggetti fuori posto, in particolari orologi sciolti, molli, che colano su un'immagine centrale, su un parallelepipedo rosso in basso a destra e su un ramo. Inoltre, in basso a sinistra c'è un orologio classico con alcune formiche che si aggrumano (probabilmente tema specifico anche di Dalì). Il tema è l'ineffabilità del tempo, un qualcosa impossibile da incasellare in un sogno dato che nella condizione onirica il tempo non ha più importanza. È l'opera più famosa e popolare di Dalì ed è conservata New York. Siamo di fronte a una scena ambientata sulla spiaggia che nella parte vicino a noi è ancora avvolta nella notte, mentre tutta la parte dell'orizzonte è illuminata dalle prime luci dell'alba. Sulla destra dell'orizzonte c'è una scogliera che blocca lo sguardo e il pensiero. A sinistra c'è il mare chiaro e limpido tipico dell'alba, mare che prosegue in una tela bianca. Troviamo un oggetto geometrico pesante (parallelepipedo) che è un elemento quasi sempre presente nelle sue opere. Da esso esce un albero secco e morto. C'è poi una figura antropomorfa che dorme, ed è la rappresentazione di un viso deformato, quasi sciolto. Si riconoscono solo il naso, l'occhio chiuso, un sopracciglio e la fronte con le rughe. Egli sta sognando e lo capiamo perché il fatto di avere l'occhio chiuso e la fronte rugosa è un sinonimo che fa riferimento alla fase rem (fase più profonda del sogno). Ci sono quattro orologi molli, tre di cui vediamo il quadrante (sopra la forma, sull'albero e sul parallelepipedo) e in cui riusciamo a leggere l'idea del tempo. Sono molli perché nel momento del sogno il tempo si deforma, si allunga e si restringe a seconda di quello che stiamo sognando e della profondità del sogno. Per Dalì il momento del sogno in cui produciamo delle immagini irrealistiche è un tempo ben vissuto, pieno e utile, ecco perché di questo tempo vediamo il quadrante. Il quarto orologio è morto e chiuso e non vediamo il quadrante. È ricoperto da formiche e troviamo il concetto della decomposizione che è legato a quello di spreco del tempo, di non dormire e non sognare. Il tempo della dimensione onirica, del sogno si comprime, si deforma e la memoria del sogno e delle sensazioni che si provano durante esso è legata allo stato percettivo, di come io percepisco qualcosa.

INGLESE:

The poetry of romanticism signalled a profound change in sensibility. Intellectually, it signalled the violent reaction to the spirit of enlightenment and was influenced by the revolutions in America and France. Emotionally, it tended to express an extreme assertion of individual subjective experience, but an individual who was depersonalised, fluid and open to the larger movements of nature and of the world.
Was a cultural trend originating in Germany in the 1770s, by the strum and drung. The poetry of Romanticism signalled a profound change in sensibility which was occurring in Britain and Europe at the time. Lyrical ballads and a Few other poems is a collection of poems first published in 1798 by Wordsworth and Coleridge. they are a mix of poetic productions, marking a break with neo-classical and classic verse, dealing with different typically

romantic themes. the ballads are the most important volume of verses in English since the Renaissance and the second edition in 1800 also included the Preface, a theoretical introduction written by Wordsworth. in the Preface, the poet states that the poetic process inevitably starts from a sensory experience. While in contact with the natural world, the poet, who is extremely sensitive, can feel certain emotions that he later recollects in tranquillity and writes down in lines.

William Wordsworth and Samuel Taylor Coleridge wrote and published much of their work around the time of the French Revolution, and they are considered the first Romantic poets. The Preface to the second edition of their Lyrical Ballads indicates the principal ideas and themes which distinguished the Romantics from their classicist predecessors and can be considered a poetic manifesto for the Romantic movement as a whole. A characteristic of both poets is a belief in 'natural order' and a search for harmony and reconciliation between the natural and the human sphere.

SCIENZE:

Il DNA è l'acido nucleico che si occupa dell'informazione genetica. I dati fondamentali sulla struttura tridimensionale del DNA furono scoperti grazie ai raggi X di Rosalinda Franklin, che mostrano un andamento elicoidale. Watson e crick e poi pubblicare un articolo in cui presentavano il modello a doppia elica, vincendo il Nobel per la medicina. Il DNA è costituito da due filamenti che scorrono in modo antiparallelo, in una doppia elica. Lo scheletro di filamento è costituito dalla sequenza di desossiribosio e gruppi fosfato uniti tramite legami covalenti. Le basi azotate di ogni filamento si uniscono con basi complementari del filamento posto tramite legami a idrogeno. La adenina può legarsi solo con la timina e la guanina solo con la citosina. Adenina e timina formano due legami a idrogeno, invece guanina e citosina formano tre legami idrogeno; pertanto, sono questi che danno stabilità al DNA. I 2 filamenti del DNA sono anti-paralleli:

- uno in direzione 5'—> 3'
- uno in direzione 3'—> 5'

inoltre, è necessario specificare che ogni base può legare solo con la sua complementare; quindi, un filamento può essere usato da "stampo" per costruirne un altro complementari, nel processo di duplicazione, Durante il quale i due filamenti vengono separati e ognuno fa da stampo per creare uno nuovo e alla fine del processo avremo quattro filamenti identici, il DNA sarà duplicato. Le proteine come gli istoni organizzano il DNA e lo rendono disponibile per i vari processi. Il DNA viene organizzato all'interno del nucleo in delle strutture chiamate cromosomi, insieme di questi costituiscono il genoma e l'uomo possiede un corredo di 46 cromosomi.

FISICA:

Albert Einstein è stato uno dei più grandi scienziati di tutti i tempi. Nacque a Ulm, in Germania, il **14 marzo 1879** da una famiglia di origine ebraica, sebbene nel 1896, a 17 anni di età , rinunciò alla cittadinanza tedesca perché contrario alla mentalità militare prussiana. Restò apolide (ossia senza nazionalità) Eino al 1901, un anno dopo la sua laurea al Politecnico di Zurigo, quando divenne ufEicialmente cittadino svizzero (a seguito della sua richiesta avanzata nel 1899) per poter accettare un lavoro all'UfEicio Brevetti di Berna. Negli anni '30, per fuggire alla dittatura nazista, Einstein volò negli Stati Uniti, nazione di cui acquisì la cittadinanza nel 1940 conservando anche quella svizzera. Vinse il **premio Nobel** per la Eisica nel 1921 per la teoria sull'**effetto fotoelettrico**, ossia la scoperta secondo cui la luce possiede una natura bivalente (ondulatoria e particellare) a seconda delle sue speciEiche interazioni. Elaborò la **teoria della relatività generale**, che oltre a deEinire l'esistenza dello spazio-tempo ha determinato che la gravità è l'effetto provocato dalla deformazione dei corpi massivi sullo spazio-tempo stesso. Le sue scoperte hanno portato la pazzia umana, suo malgrado, a sviluppare la bomba atomica. Einstein ha da subito lottato contro le armi di distruzione di massa, ma purtroppo le prime due bombe atomiche uccisero migliaia e migliaia di persone ad **Hiroshima** e Nagasaki. Einstein aveva inoltre problemi di memoria e nella prontezza di riflessi. Visto che all'epoca la dislessia non era conosciuta, Einstein – come tutti gli altri dislessici – **fu etichettato semplicemente come poco intelligente**, tardivo, asociale e immerso nelle sue fantasie...

GUERRA

ITALIANO:

Giuseppe Ungaretti nasce nel 1888 ad Alessandria di Egitto da genitori lucchesi. Nonostante le difficoltà il ragazzo complete gli studi e successivamente si reca a Parigi dove complete la sua formazione ed entra a contatto con le opera del decadentismo, I Fiori del male di Baudelaire, che gli aprono la strada al simbolismo era un interventista della Prima guerra mondiale perciò si arruola volontario come soldato di fanteria sul fronte del Carso. Ne "il porto sepolto" Ungaretti scrive le sue prime poesie in trincea quando prende conoscenza delle atrocità della guerra. Una volta terminata la guerra Ungaretti si ferma a Parigi dove lavora come corrispondente per "il Popolo d'Italia", giornale fondato e diretto da Mussolini e nel 1921 si trasferisce a Roma dando la sua adesione al fascismo. Nel frattempo, pubblica allegria di naufragio, che comprende le poesie del porto sepolto e altri componimenti che formano il suo diario poetico dell'esperienza di guerra. Nel 1931 porta altre modifiche diventa l'allegria. E egli viaggia molto ed è segnato da una crisi religiosa che lo porta ad accostarsi al cattolicesimo, in cui trova conforto nel senso tragico della vita. Da questa svolta ideologica nascono le poesie di sentimento del tempo che aprono una nuova fase della produzione poetica di Ungaretti all'insegna di una riflessione sul trascorrere del tempo e sul dolore dell'uomo. La ricerca di uno stile prezioso e analogie sempre più lavorati e favoriscono la nascita del movimento dell'ermetismo. Durante il periodo in Brasile si abbattono su di lui due tragedie: la morte del fratello e del figlio, Antonetto. Dopo lo scoppio della Seconda guerra mondiale nel 1942 il poeta ritorna in patria dove è nominato accademico dell'Italia ottiene la cattedra di letteratura all'università di Roma. La sofferenza per drammi privati e collettivi è al centro della raccolta il dolore in cui c'è una forte componente autobiografica. Ungaretti sfiora per due volte il Nobel ma non riesce a ottenerlo dato la sua adesione al fascismo. Negli ultimi anni della sua vita pubblica vita d'un uomo. Muore nel 1970. La poetica di Ungaretti può essere divisa in due fasi:

- Più innovativa e sperimentale comprende il porto sepolto divenuto allegria di naufragi in seguito l'allegria;

- Ungaretti ritorno a forme più vicine alla tradizione caratterizzate dall'uso delle analogie e immagini ricercate complesse comprende la raccolta sentimento del tempo e il dolore.

A partire dagli anni 40 il poeta avvia una complessiva riorganizzazione della sua poetica riunendo le raccolte pubblicate in precedenza in un'unica opera con il titolo vita d'un uomo. Questa decisione di offrire al lettore una raccolta unitaria si accompagna il desiderio di sottolineare il legame tra letteratura e la vita in cui l'uomo e sia Ungaretti stesso sia l'uomo in assoluto. Dunque, la vicenda personale di Ungaretti assume significato più ampio e universale ponendosi come simbolo di un'umanità divisa tra caos dell'esistenza e recupero di un'assoluta armonia. La più celebre raccolta, l'allegria, nasce dalla drammatica esperienza autobiografica della Prima guerra mondiale in modo lacerato della guerra, il poeta avverte l'esigenza di una nuova poetica ricca di frammenti intensi ed evocativi. Ungaretti va inoltre alla ricerca dell'essenziale ovvero di ciò che ha un valore universale per tutti gli uomini. Perciò egli espone le sue poesie ad un attento processo di revisione formale fino ad arrivare a quella che chiama "parola pura", capace di illuminare con il suo significato il mistero dell'esistenza. Per dare centralità alla parola utilizza tecniche espressive innovative: la brevità delle poesie, la semplificazione della sintassi, eliminazione della punteggiatura, utilizzo del verso libero, metafore e analogie. Nel periodo successivo Ungaretti recupera le forme più tradizionali, soprattutto nella raccolta sentimento del tempo che si differenzia dall'allegria per un recupero della metrica tradizionale una sintassi più articolata. La raccolta caratterizzata da un linguaggio prezioso letterario, inoltre il frequente ricorso dell'analogia si allaccia al simbolismo francese e ciò si traduce in versi spesso oscuri e ricchi di immagini difficili e ricercate.

LATINO:

Il Bellum civile è un ampio poema storico, che narra la guerra civile tra Cesare e Pompeo. Ci è arrivato probabilmente incompiuto, infatti, la narrazione si interrompe bruscamente al X libro. Si ritiene che l'opera dovesse comprendere altri due libri, per un totale di dodici, come l'Eneide. Per l'opera Lucano utilizzò i trattati di Tito Livio sulla guerra civile e le opere storiche di Seneca il retore e di Asinio Pollione sullo stesso argomento.

Nonostante ciò, il Bellum non aspira ad essere un'opera storica attendibile, in quanto furono inseriti avvenimenti irreali. Nell'Eneide avviene un'accettazione degli eventi tragici dovuti al prezzo da pagare per l'avvento di Augusto al potere. Il Bellum civile è uno spaccato della storia romana recente: la guerra civile tra Cesare e Pompeo, che ha portato alla distruzione delle istituzioni repubblicane. Lucano assume un rovesciamento di fronte alle questioni dei miti augustei e del loro poema celebrativo, a differenza di Virgilio. Già nei primi versi del proemio sono presenti i propositi del poema di Lucano. L'Eneide esordiva ad una guerra dolorosa che avrebbe portato alla fondazione di una nuova patria nel Lazio, per fondare Roma. Lucano, invece, denuncia il dissolvimento dell'unità di un popolo a causa della guerra civile, sostenuta da due cittadini romani, i quali erano anche imparentati: Pompeo era il genero di Cesare. Per questo motivo gli studiosi hanno definito il Bellum civile: anti-Eneide Lucano un: anti-virgiliano. Se nell'Eneide, le peregrinazioni di Enea erano dettate da una provvidenza stoica. Il Bellum civile è, invece, governato dall'invida vicenda dei fatti, inoltre, Lucano bandisce gli dèi. Il rovesciamento riguarda anche la struttura stessa del poema, ad esempio del VI libro. Lucano immagina che Pompeo si reca dalla maga Eritto per avere le sorti della guerra dalla sua parte. A questo punto la strega resuscita il cadavere di un soldato mescolando le sue viscere. È evidente il riferimento del poeta al VI libro dell'Eneide, in cui Enea era sceso agli Inferi per ricevere dal padre Anchise per il vaticinio alle sorti della guerra. Ma la concezione disperata della storia porta Lucano a rovesciare il modello: al posto di Enea, il degenere figlio Pompeo; al posto del saggio Anchise, una strega necrofila e, soprattutto, non avviene nessuna discesa agli Inferi, ma, al contrario, è l'inferno a irrompere sulla terra, nelle fattezze di un cadavere riportato in vita, con un'azione contro natura.

FILOSOFIA:

La riflessione di Anna Arendt riguarda soprattutto temi etico-politici, rivolgendosi in particolare alla genesi e alle conseguenze del nazismo in "**Le origini del totalitarismo**" (1951) e in "**La banalità del male**". La prima è uno studio del nazismo e dello stalinismo che ha generato un ampio dibattito sulla natura e gli antecedenti storici del fenomeno totalitario; la seconda, è stata scritta dopo aver assistito, come inviata del giornale New York, il processo, che si tiene a Gerusalemme, all'ufficiale delle SS, Adolf Eichmann. "Eichmann a Gerusalemme" (1963). In "vita activa" sviluppa una riflessione a più ampio raggio sulle ragioni della visita e la politica e della vita attiva nelle società contemporanee. Il maggior contributo di Arendt a proposito del totalitarismo sta nell'aver individuato i caratteri generali di questa forma di Stato, aldilà delle specificità dei singoli casi. Anche se il totalitarismo nel passaggio fra le due guerre interessa essenzialmente due paesi, Germania e Urss, Arendt fornisce una sorta di struttura interpretativo generale del fenomeno, i cui elementi sono:

- L'utilizzo delle masse antipolitiche come nuovo soggetto politico;

- La creazione del consenso per mezzo del terrore;

- L'elaborazione di un'ideologia totalitaria che ha lo scopo di interpretare gli eventi in funzione della conservazione del regime in modo indipendente dal reale svolgimento dei fatti e dalle prove a suo sostegno.

Secondo Arendt, il totalitarismo si lega al declino dello Stato nazionale e al sorgere dell'imperialismo, alla rottura del sistema classista e all'autonomizzazione della società di massa. I principali strumenti del totalitarismo sono l'ideologia e il terrore, che si esprimono nel partito unico. Gli ebrei nemici per Hitler sono come la classe dei capitalisti sotto Stalin. I nemici dello stalinismo sono: antirivoluzionari, contadini ricchi, supposti "traditori del partito" ecc. Lo Stato sviluppatosi nel corso dell'Ottocento chi ha le sue origini nel nazionalismo, nell'imperialismo e nell'antisemitismo. Certe caratteristiche del totalitarismo erano già presenti nella civiltà europea di fine Ottocento e con l'imperialismo già sperimentava possibilità di compiere crudeltà e stragi. Il regime totalitario è strettamente connesso con la società di massa, una ristretta Élite economico-politica domina su una massa di persone incapaci di azione politica. La società di massa è caratterizzata dalla perdita di identità degli individui e la progressiva sparizione dei gruppi sociali tradizionali, forniscono un'identità e una rete di sostegno le persone. La massa è composta da individui isolati, senza reale senso di sé e senza alcuna appartenenza sociale. Ne consegue una facile identificazione delle masse nel partito totalitario, capace di aggregare con facili slogan e di fornire identità contro qualcuno. I partiti totalitari hanno avuto per primi la capacità di includere nella politica proprio quelle masse a politiche, che erano estranee adesso. Allo scopo di dare un corpo solido alle masse, il totalitarismo si serve di un'efficace propaganda. Questa allo scopo di indottrinare le masse con un'ideologia, come il nazismo o il comunismo. Esperti di propaganda coniano slogan che vengono ripetuti costantemente, semplificano i problemi, prospettano soluzioni facili alle difficoltà della società attuali. Questo impoverimento del pensiero critico da parte delle masse la possibilità di essere manipolati da piccoli gruppi di potere, spiega come sia stato possibile il formarsi del consenso verso i regimi totalitari, che, in un periodo di forte crisi economica, sono riusciti ad inculcare nelle masse ideologie pericolose e criticamente poco fondate. L'idea è incredibile che la causa delle disgrazie della Germania fosse il complotto ebraico internazionale veniva ampiamente diffusa slogan e manifesti, in cui il complotto ebraico internazionale veniva ampiamente diffusa da slogan e manifesti, in cui veniva raccontato un mondo tedesco sotto assedio da parte degli ebrei in cui si profetizzava un futuro glorioso nato dalla "risoluzione" del problema ebraico. Oltre a ciò, il regime totalitario mette a tacere ogni forma di dissenso, tramite violenza fisica: organizza squadre punitive e sequestri, rinchiude in carcere o in campi di prigionia gli oppositori, oppure li elimina.

STORIA:

Continuando con la linea della guerra e dopo aver parlato di Anna Arendt, potrei continuare con la Seconda guerra mondiale.

Hitler voleva rivendicarsi dall'umiliazione del trattato di Versailles, ma soprattutto vedeva come complici della sconfitta della Germania gli ebrei e i comunisti, inoltre nel suo progetto "Mein Kampf", voleva riunire tutte le popolazioni di lingua tedesca in una grande Germania, espandendo così anche il suo spazio vitale. Già nel gli anni precedenti era stato stipulato l'asse Roma-Berlino, aveva il sostegno di Francisco Franco in Spagna, oltre oceano c'era il Giappone che aveva firmato anch'esso il patto anti Komintern, di conseguenza sembrava che il suo piano potesse essere attuato. Bisogna, inoltre, ricordare che prima la Germania avesse stipulato il patto di non aggressione Molotov-Ribbentrop con la Russia, la quale temeva che i paesi occidentali volessero spostare l'attenzione su di lei. Il patto prevedeva la spartizione die territori della polonia in caso di vincita della Germania. La Germania attaccò la Polonia il 1°settembre del 1939, riuscendo ad entrare subito nella capitale Varsavia e fece annettere i territori occidentali, lasciando quelli orientali alla Russia. Inizialmente la guerra si stava battendo su un unico fronte, per tanto Francia ed Inghilterra diedero per scontato che non avrebbero ricevuto un attacco, o per lo meno se si fosse verificato sarebbe avvenuto sul confine come era accaduto anche nella guerra precedente, tanto è vero che le truppe francesi si disposero sulla linea Maginot senza sfruttare il momento in cui la Germania era impegnata in polonia per sferrare un attacco. Nel frattempo, però, la Germania stava architettando un piano per chiudere nel sacco sia Francia che Inghilterra, infatti, di lì a poco si infiltrarono nel bosco delle Ardenne e con la virata sulla manica limitarono i nemici sia ad est e ad ovest. La Germania dichiarò guerra alla Francia, nel frattempo la repubblica francese cadde e salì il regime di Pétain, che firmò l'armistizio con la Germania e accettò che la Francia venisse divisa in due, una parte sotto il controllo tedesco e la parte meridionale sarebbe rimasta alla Francia spostando la capitale a Vich. In Italia, Mussolini si schierò dalla parte del più forte dichiarando guerra alla Francia nel 1940 da Palazzo Venezia, tuttavia ciò non gli fece conquistare grandi territori ma solo piccoli paesi di montagna al confine con le Francia. L'Italia voleva condurre una guerra parallela con la Germania, tuttavia, tutti i suoi sforzi furono vani, sia in Africa che nei Balcani, perché l'esercito italiano non era forte e dal punto di vista tecnologico era nettamente inferiore rispetto agli altri paesi. Sul fronte inglese, inizia la battaglia con la Germania, questa fu una battaglia aerea tra la Luftwaffe e la Royal Air force, tuttavia non ne uscì nessuno sconfitto, ma la Germania aveva inflitto sicuramente gravi danni all'Inghilterra. Successivamente, la Germania decise di attaccare l'URSS tramite l'operazione Barba rossa, prendendo Stalin di sorpresa, ma successivamente l'URSS adottò la tecnica della terra bruciata, affinché con l'avanzata tedesca questi non trovassero nessuna città da annientare. Nel frattempo, nel pacifico il Giappone aveva deciso di attaccare gli Stati uniti, tramite un primo attacco alla base di Pearl Harbor. Questo giorno fu definito giorno dell'infamia, e gli Stati Uniti dichiararono guerra al Giappone. Successivamente, si svolsero altre due battaglie quella del mare die coralli, durante la quale gli americani riuscirono a fermare l'avanzata dei giapponesi nel pacifico, e poi quella di Midway, dove gli americani ebbero finalmente la meglio. In occidente, Hitler decise di sferrare un'altra offensiva sulla Russia, che si rivelò catastrofica, poiché l'esercito russo vinse, fu la prima grande sconfitta della Germania dall'inizio della guerra. Nel 1942 si tenne a Casablanca una conferenza tra Churchill, Roosevelt e Stalin per decidersi sul da farsi, si optò per attaccare l'Italia, poiché il suo governo si stava già sgretolando ed era piu debole. Nel 1943, allora, le truppe statunitensi, sbarcarono in Sicilia, avviando la liberazione. L'Italia stava crollando, Vittorio Emanuele III, fece arrestare Mussolini, che però fu scagionato dai suoi seguaci e scappò in Germania, per poi tornare di nuovo nel nord Italia e fondare la repubblica dei salò, e ricostruire il partito fascista riprendendo però gli ideali socialisti dell'inizio. Nel frattempo, la liberazione degli americani continuava nell'isola, riuscirono a liberare tutto il meridione, poi sbarcarono ad Anzio e liberarono anche il centro. Nacquero anche i movimenti partigiani di resistenza per aiutare gli americani nel progetto di liberazione e contrastare ancora le truppe tedesche in Italia. Questa fu finalmente liberata il 25 aprile del 1944. Tuttavia, la guerra non era ancora terminata, Hitler pensava di poter ancora battersi, nonostante fosse accerchiato. E fin quando le truppe russe entrarono a Berlino e sconfissero i soldati tedeschi, a quel punto Hitler si tolse la vita insieme alla sua compagna Eva Braun e nel 1945 fu firmata la resa. L'ultimo attacco verificato fu quello degli Stati Uniti sul Giappone ovvero con l'annientamento di Hiroshima e Nagasaki tramite la bomba atomica, a quel punto il Giappone firmò l'armistizio nel 1945.

ARTE:

mi sembra ora opportuno parlare di Picasso, esponente della corrente del cubismo, nonché movimento delle avanguardie artistiche. Queste sono nate in risposta agli eventi dolorosi che hanno caratterizzato gli anni precedenti, come le varie guerre. Ora gli artisti vogliono distaccarsi dai canoni del passato e andare oltre. Tuttavia, sono influenzate anche dalle scoperte dell'epoca come, ad esempio, la teoria dell'inconscio di Freud e la relatività ristretta di Einstein. **Obiettivo cubismo**: abbandonare la visione prospettica, scomporre e ricomporre il dato reale su un piano in tutte le visioni, per rendere la totalità. Rendere la realtà nella sua totalità è necessario per dare una conoscenza totale all'osservatore, fornendogli una visione a 360° e dandogli più informazioni possibili sul dato reale in una visione simultanea.

Pablo Picasso nasce nel 1881 a Malaga. Il padre era un pittore e un insegnate d'arte. Picasso era un bambino prodigio, infatti a 10 anni frequentò scuola d'arte, nel 1895 venne ammesso all'Accademia di belle arti a Barcellona e poi alla Scuola reale a Madrid. A 14 anni espose una sua opera ad una mostra e fu apprezzato dalla critica "A 13 anni dipingevo come Raffaello. Ci ho messo una vita per imparare a dipingere come un bambino" —> secondo Picasso, riportare il dato reale così come appare è più semplice che reinterpretarlo. Nel 1901 si trasferisce a Parigi.

GUERNICA: È una città basca in cui si riuniva l'Assemblea di Biscaglia, sotto la quercia —> simbolo di libertà e pace che rappresenta la popolazione basca. Il 26 aprile 1937 durante la guerra civile spagnola, la città è stata bombardata alle 14.30. Quel giorno c'era il mercato, per cui il centro era pieno di massaie e bambini; in url momento videro passare in cielo degli aerei Condor (nazifascisti), che aiutavano Francesco Franco, bombardando la città radendola al suolo. Dopo il bombardamento la città era completamente distrutta. Migliaia di donne, bambini e animali morirono. Questo atto fu interpretato come un atto terroristico, poiché non c'erano dei fronti con la possibilità di difendersi. Picasso in quel momento era a Parigi e stava preparando il quadro da esporre all'Esposizione Universale; doveva realizzare un soggetto per sensibilizzare l'opinione pubblica contro Francesco Franco e i suoi alleati. Picasso era un pacifista, un democratico e contro guerra; perciò, quando prese la notizia del bombardamento, iniziò l'opera di Guernica. In 2 mesi crea 50 studi dei soggetti e 7 versioni dell'opera; il tutto venne documentato dalla compagna Dora Maar. Guernica è un'opera molto grande (8 x 3.5 m)

Obiettivo: dare all'osservatore un grande impatto emotivo

Picasso rappresenta il caos che si lega al momento drammatico durante e dopo l'esplosione. Il caos viene rappresentato secondo d'uno studio che è perfettamente bilanciato in tutta l'opera. Il linguaggio dell'opera è di derivazione cubista, in cui le varie figure sono frammentate —> cubismo analitico; ciò avviene soprattutto nella parte bassa-centrale e meno nella parte alta —> cubismo sintetico

Picasso riproduce contemporaneamente:

- Visioni esterne, sul lato destro dove is trova un palazzo in fiamme con una persona che urla

- Visioni interne, sul lato sinistro dove si trova un lampadario

Questo perché dopo bombardamento la maggior parte delle strutture architettoniche vennero distrutte

- Lato Sinistro: una madre urla disperata con il figlio morto in braccio (si capisce da naso al contrario), ha la bocca spalancata. Valore simbolico-religioso —> la Pietà di Michelangelo

- Lato Destro: è il contrappeso del lato sinistro. La figura che esce dal palazzo in fiamme ha la stessa testa della donna con il bambino. Valore simbolico-religioso —> Maria Maddalena sotto la croce di Gesù

Tutto ciò indica che lo studio dell'opera avviene dal lato destro e c'è un andamento crescente, in modo da formare una piramide e altre figure che si sovrappongono. Altre figure presenti nel quadro sono:

- la donna che corre da destra a sinistra è spaventata

- la donna che esce dalla finestra

- il braccio che sporge con lampada ad olio che coincide con lampadario per posizione: queste sono 2 fonti di luce ad olio ed elettrica. Messaggio —> la guerra crea degrado e un ritorno al passato in senso tecnologico, stato di regresso

- il cavallo ferito ha la bocca spalancata, la lingua sporge come delle punte di una lancia, Messaggio —> anche gli animali furono coinvolti nell'esplosione

- il toro indica l'irrazionalità dell'orrore dell'azione terroristica (—> Sonno della ragione genera mostri, Goya)

- nella parte bassa c'è un soggetto esanime sdraiato per terra con la mano spalancata, morto e con la spada spezzata. Valore simbolico —> mettere un fermo alla guerra e ai combattimenti

- il particolare del fiore sopravvissuto alla strage, reso come i bambini. Messaggio —> simbolo di vita, speranza e rinascita. L'azione del bombardamento è ancora in atto e ciò si capisce dalle parti chiare, che sono i bagliori delle esplosioni. Ciò dà l'idea del rumore degli aerei e le urla delle genti ferite e morte; le case in fiamme danno l'idea dell'odore delle case e dei corpi bruciati

L'opera ha linee morbide e spezzate. La superficie è piana. Il colore è planimetrico e monocromo; infatti, Picasso utilizza solo il bianco e nero (colori non approvati dagli impressionisti), perché colori danno all'osservatore idea della vita, ma in questo caso è presente solo la morte. Inoltre, la scelta dei colori è dovuta al fatto che Picasso vede la notizia del bombardamento sul giornale, che riportava delle foto in bianco e nero e perciò decide di non usare colori —> Idea della morte.

INGLESE:

1903: Orwell was born in Bengal, India. He returned to England as a child, with his mother and sister
1922/1927: He served in Britain's imperial police force in India. After resigning from the force because of his hostility to imperialism and his wish to become a writer, Orwell returned to Europe.

1936: he went to Spain to fight against the Fascists in the Spanish civil war 1950: he died in London

Literary production

Orwell's first novel "Burmese Days" was published in 1934, followed by "Down and Out in Paris and London", which describes the condition of poverty Orwell lived at that time.

Tough e continued to hold socialist view, during the war years,Orwell became disillusioned with Soviet communism with Stalin. It inspired his satirical fable "Animal farm", which si followed by "Niente Eighty-four" (1984).

This book described a nightmarish totalitarian world in which every aspect of the individual's life is controlled by the omnipresent eyes and ears of the state. The book is divided into three parts and the protagonist is Winston Smith.

In the first section we learn of his life and his point of view. As the novel progresses, it emerges that the war is largely an illusion by the states to keep their respective peoples in a state of subjection. The protagonist is a typical modern anti-hero, he is a powerless individual who briefly tries to rebel against the rule of society. In the world in which there is no privacy and unorthodox ideas are punishable by death, Winston knows that it is a hopeless struggle.

In a society where love is forbidden while sex encourage, the focus of the second part of the book takes the forms of an illicit love affair with Julia. Intolerant of single thought and in love with each other, they will decide to join a clandestine organization. Their attempt will fail miserably, they will be discovered and reformed.

Themes: The society Orwell describes is controlled by mass-media propaganda and reinforced by an all-powerful police state. He describes a world where people are always under control and this power is in the hands of few.

SCIENZE:

Il DNA è l'acido nucleico che si occupa dell'informazione genetica. I dati fondamentali sulla struttura tridimensionale del DNA furono scoperti grazie ai raggi X di Rosalinda Franklin, che mostrano un andamento elicoidale. Watson e crick e poi pubblicare un articolo in cui presentavano il modello a doppia elica, vincendo il Nobel per la medicina. Il DNA è costituito da due filamenti che scorrono in modo antiparallelo, in una doppia elica. Lo scheletro di filamento è costituito dalla sequenza di desossiribosio e gruppi fosfato uniti tramite legami covalenti. Le basi azotate di ogni filamento si uniscono con basi complementari del filamento posto tramite legami a idrogeno. La adenina può legarsi solo con la timina e la guanina solo con la citosina. Adenina e timina formano due legami a idrogeno, invece guanina e citosina formano tre legami idrogeno; pertanto, sono questi che danno stabilità al DNA. I 2 filamenti del DNA sono anti-paralleli:

- uno in direzione 5'—> 3'
- uno in direzione 3'—> 5'

inoltre, è necessario specificare che ogni base può legare solo con la sua complementare; quindi, un filamento può essere usato da "stampo" per costruirne un altro complementari, nel processo di duplicazione, Durante il quale i due filamenti vengono separati e ognuno fa da stampo per creare uno nuovo e alla fine del processo avremo quattro filamenti identici, il DNA sarà duplicato. Le proteine come gli istoni organizzano il DNA e lo rendono disponibile per i vari processi. Il DNA viene organizzato all'interno del nucleo in delle strutture chiamate cromosomi, insieme di questi costituiscono il genoma e l'uomo possiede un corredo di 46 cromosomi.

FISICA:

Albert Einstein è stato uno dei più grandi scienziati di tutti i tempi. Nacque a Ulm, in Germania, il **14 marzo 1879** da una famiglia di origine ebraica, sebbene nel 1896, a 17 anni di età , rinunciò alla cittadinanza tedesca perché contrario alla mentalità militare prussiana. Restò apolide (ossia senza nazionalità) fino al 1901, un anno dopo la sua laurea al Politecnico di Zurigo, quando divenne ufficialmente cittadino svizzero (a seguito della sua richiesta avanzata nel 1899) per poter accettare un lavoro all'Ufficio Brevetti di Berna. Negli anni '30, per fuggire alla dittatura nazista, Einstein volò negli Stati Uniti, nazione di cui acquisì la cittadinanza nel 1940 conservando anche quella svizzera. Vinse il **premio Nobel** per la Eisica nel 1921 per la teoria sull'**effetto fotoelettrico**, ossia la scoperta secondo cui la luce possiede una natura bivalente (ondulatoria e particellare) a seconda delle sue speciEiche interazioni. Elaborò la **teoria della relatività generale**, che oltre a deEinire l'esistenza dello spazio-tempo ha determinato che la gravità è l'effetto provocato dalla deformazione dei corpi massivi sullo spazio-tempo stesso. Le sue scoperte hanno portato la pazzia umana, suo malgrado, a sviluppare la bomba atomica. Einstein ha da subito lottato contro le armi di distruzione di massa, ma purtroppo le prime due bombe atomiche uccisero migliaia e migliaia di persone ad **Hiroshima** e Nagasaki. Einstein aveva inoltre problemi di memoria e nella prontezza di riflessi. Visto che all'epoca la dislessia non era conosciuta, Einstein – come tutti gli altri dislessici – **fu etichettato semplicemente come poco intelligente**, tardivo, asociale e immerso nelle sue fantasie...

Albert Einstein propose di abbandonare i vecchi schemi e rifondare la fisica su due principi:

- **Principio di relatività ristretta**. Le leggi e principi della fisica hanno la stessa forma in tutti sistemi di riferimento inerziali.

- **Principio di invarianza della velocità della luce**. La velocità della luce nel vuoto è la stessa in tutti sistemi di riferimento inerziale, indipendentemente dal modo del sistema o da quello della sorgente che emette la luce.

Per Galileo le leggi della meccanica non devono cambiare da un sistema di riferimento nel cielo all'altro. Einstein estende lo stesso principio della meccanica a tutta la fisica. Il primo principio nasce dalle convinzioni di Einstein che la natura sia regolata da leggi semplici. Infatti, la fisica è più semplice se tutte le leggi sono le stesse in ogni sistema inerziale. Il secondo principio è un caso particolare del primo: se le leggi della fisica sono le stesse in tutti i sistemi di riferimento, in ognuno di essi valgono le equazioni di Maxwell, che prevedono un unico valore per la velocità della luce nel vuoto. Siccome la luce è la stessa sia nel sistema del sole che in quello della terra, la percorrenza dei bracci dell'interferometro non dipendono da come orientato rispetto al moto relativo dei due sistemi: ecco perché la interferenza non varia.

Einstein concepirà il concetto di dilatazione dei tempi secondo cui: gli orologi in movimento rispetto annoi sono più lenti dei nostri non dipende dagli orologi, ma dal tempo: un orologio in un sistema di riferimento diverso da quello in cui è in quiete, scandisce un tempo diverso, rallentato. Questo fenomeno è reciproco. Se un astronauta passa davanti a noi muovendosi rapidamente e noi vediamo che il suo orologio va più lento per lui invece è il contrario. Se così non fosse, il principio di relatività ristretta sarebbe contraddetto. Tuttavia, la dilatazione relativistica dei tempi di Einstein non vale solo per gli orologi, ma per tutti i fenomeni naturali. Immaginiamo un astronauta che all'età di vent'anni viaggia verso una stella, invece, il suo gemello rimane sulla terra. L'astronauta impiega 10 anni per raggiungere la stella e quando si rincontrano di nuovo, Bruno a trent'anni e Carlo ne ha 52.

donna

ITALIANO:

Gli stilnovisti, in particolare Dante, avevano cantato le donne amate con uno pseudonimo che ne metteva in evidenza le caratteristiche. Così Dante nella "vita nuova" racconta il suo amore idealizzato per Beatrice, rappresentata come una donna-Angelo che, come indica il suo nome, "donna beatitudine" avvicina a Dio. In seguito, nel paradiso, divenuta allegoria della teologia e della grazia, Beatrice accompagnerà Dante al cospetto di Dio, facendosi mediatrice tra l'uomo peccatore e la salvezza divina.

Clizia: Montale riprende il modello della donna-Angelo in una prospettiva lirica. Nella raccolta "Le occasioni", e gli canta con lo pseudonimo di Clizia una giovane americana di origine ebraica conosciuta a Firenze nel 1933, Irma Brandeis, poi costretta dalle leggi razziali a rimpatriare. Montale desume lo pseudonimo da un sonetto in cui Dante dichiara di amare una donna "di spietata e disdegnosa" paragonata a Clizia, una ninfa che, innamorata del Dio del sole Apollo e respinta da lui, continua ad amarlo così intensamente da trasformarsi in girasole. Nelle occasioni Clizia diviene emblema non solo di un amore fedele, ma soprattutto della firma fiducia nei valori salvifici della cultura e della poesia, gli unici fosse in grado di riscattare l'umanità dalla incombente barbarie del fascismo e della guerra. La donna assume così ruolo di Angelo visitatore, come nel motto "Ti libero la fronte dei ghiaccioli". Notizia si manifesta con bagliori e lampi degli occhi, i suoi gesti sono misurati ed eleganti, possiede gioielli carichi di significato come amuleti. Nella raccolta successiva, la bufera e altro, Clizia pare talvolta inerme di fronte all'orrore della storia della guerra, ma nella lirica la primavera hitleriana assume una valenza più strettamente religiosa, divenendo immagine di Cristo stesso e indicando, con il suo sacrificio, la via di una possibile salvezza collettiva.

La volpe: Nella seconda parte della bufera e altro, a Clizia si oppone invece volpe, l'antibiotici, una donna concreta e sensuale dietro cui si cela la poetessa Maria Luisa Spaziani, amata dal poeta dal 1945 al 1950. La forza vitale e travolgente di questa nuova musa anima come una scarica elettrica le poesie in cui appare e si manifesta.

La mosca: Protagonista della sezione Xenia in Satura E infine Drusilla Tanzi, la moglie del poeta cantata con lo pseudonimo di Mosca. Ai bagliori soprannaturali celesti di Clizia si sostituisce il prosaico luccichio degli occhiali di questa donna-Angelo più domestica e i familiari. A lei, ormai morta, Montale dedica componimenti pervasi da un sincero l'impianto, sostituendo la donna-Angelo delle raccolte precedenti con una compagna di vita concreta, una donna pratica e istintiva che guida il poeta con la sua saggezza. Mosca è la nuova Clizia, una pizza ormai morta, viva soltanto, come ricordo, nella memoria del poeta.

LATINO:

Giovenale fu uno scrittore latino, che si occupò di denunciare la decadenza della società in cui viveva. Egli critica non solo la rivoluzione sociale in atto e l'inclusione degli schiavi liberati ma anche le donne, in particolare le matrone.

La poesia è soprattutto una valvola di sfogo per esprimere il rifiuto ferroso della società contemporanea. Questa è la funzione delle sue satire che entra in profondo conflitto, come aveva già fatto Persio, con le forme della poesia a lui contemporanea, lontane dalle sue scelte espressive, in particolare con l'usanza delle recitationes e con la predilezione per i soggetti mitologici meno conosciuti. Il poeta esprime il punto di vista, orgogliosamente provinciale, degli italici di buona famiglia e buona cultura, giunti a Roma con le migliori speranze costretti a confrontarsi con una città caotica, ormai caduta nelle mani del malaffare dilagante tanto negli strati alti quanto in quelli più popolari della società. Giovenale ha il dente avvelenato contro gli arrivisti, i truffatori i ciarlatani spesso di origine greca o orientale, oggetto di un profondo disprezzo soprattutto da parte di quanti erano animati da sentimenti nazionalistici; dei suoi strali, tuttavia, non si salvano nemmeno gli esponenti delle famiglie più altolocate, interessati solamente ai bagordi e alla baldoria. Si scaglia anche verso le donne e soprattutto le matrone, distantissime dai modelli del buon tempo andato e anzi presente come veri e propri mostri di mortalità, a partire da Messalina vista come una ninfomane impedente, che non esitava trascorre la notte nei lupanari per svolgere, sotto mentite spoglie, il mestiere di prostituta. La voce del poeta è quella di un moralista astioso, arrabbiato e deluso per essere stato ingiustamente marginalizzato e scavalcato dalla vita, costretto ad occupare la posizione di cliens, che viene vista come troppo umiliante per i propri meriti. In Giovenale è assente la pars construens, proposta di rifondazione della società, o almeno di miglioramento dei costumi, e non c'è nemmeno, come in Persio, quella sorta di "bussola" costituita dalla ferma adesione a una scuola filosofica, che fornisce un ben preciso indirizzo etico: il polo positivo, rispetto a quello negativo dell'indignazione, è costituito al massimo dal rimpianto nostalgico dei bei tempi andati. La prospettiva è esclusivamente orientata verso il passato, visto come perduta età dell'oro regolata dal mos maiorum, perciò un incentivo per la frustrazione e il mal animo del poeta. Questo atteggiamento cupe rancoroso, tuttavia, si ammorbidisce in qualche misura negli ultimi due libri della raccolta, che contengono le satire 10-16: il fervore dell'indignazione si attenua, declinando nello scherno e nella derisione, anche se non mancano esplosioni di rabbia corrosiva. Nella satira 10 il poeta richiama la figura del filosofo Democrito e la sua capacità di ridere della natura umana e degli scherzi della sorte, piuttosto che lasciarsi travolgere dalla disperazione. Talora vengono proposti esempi di comportamento positivi, e soprattutto emerge una certa rassegnazione, che potrebbe essere accostata all'apàtheia, il distacco dalle passioni propugnato dagli stoici.

FILOSOFIA:

Sigmund Freud, di origini ebraiche, nacque a Vienna. Si laureò in medicina, dopodiché inizio le prime esperienze nel campo medico studiando i casi d'isteria, dei quali si pensava fossero affette solo le donne borghesi, sperimentò anche la tecnica dell'ipnosi, tuttavia, egli capì subito che essa non era efficace e iniziò gli studi su quella che avrebbe rivoluzionato di lì a poco la psicologia ovvero la scoperta dell'inconscio. Nel corso degli anni 20 del Novecento, per l'effetto della grande guerra, e li modifico alcune tesi di fondo del suo pensiero. La psicoanalisi presenta tre aspetti fondamentali:

- È un procedimento volto all'analisi dei processi mentali inconsci;

- È una forma particolare di psicoterapia, che sviluppa il metodo delle libere associazioni e dell'interpretazione dei sogni e che presuppone lo sfruttamento del **transfert**, una particolare relazione che si instaura fra analista e paziente; porre delle continue domande in modo che il paziente riesca ad arrivare alla motivazione e la risolva da sola, ma in questo rapporto, secondo Freud, accade il transfer ovvero riconoscere il paziente nel dottore, come il caso della Spielrein, conoscere e risolvere le problematiche immedesimandomi nel paziente;

- È una teoria sul funzionamento psichico dell'individuo sia normale che non.

È giunto alla conclusione che l'ipnosi presentava effetti terapeutici poco durevoli, non era sempre facile da indurre e risultava di fatto un'imposizione coercitiva da parte del terapeuta sul paziente. Proprio questo carattere impositivo rischiava in ultimo di influenzare i pazienti, invalidando così l'intero processo terapeutico. Emblematico in questo senso fu il caso di Anna O.: per la prima volta, in dissenso con Breuer, Freud tentò nuove ipotesi di indagine, in particolare, inizio a pensare che listeria avessi una relazione con la sfera sessuale che fosse anzi da imputare a un trauma psichico di natura sessuale (ipotesi rifiutata da Breuer). Cambiando la tecnica Freud comprende che le problematiche dei suoi pazienti erano dovuti alla loro infanzia, e in particolare al loro rapporto con la sessualità; perciò, il grande problema dell'essere umano è una sessualità non risolta. Tutti coloro che in età adulta presentano una problematica mentale da piccoli hanno avuto un trauma o una sessualità repressa. Freud giunse alla conclusione che i traumi sessuali risalgono all'infanzia. Il bambino perde la sua immagine tradizionale di innocenza e incomincia ad apparire affetto da complesse pulsioni sessuali, alla cui felice risoluzione corrisponde una vita psichica normale nell'individuo adulto. A questo punto Freud modifica la prospettiva di Breuer:

- Retrodata la ricerca delle origini delle singole manifestazioni nevrotiche;

- Attribuisce alla nevrosi una natura sessuale;

- Elabora nuove strategie di indagine con interpretazione dei sogni, le libere associazioni e il transfert.

Nel sogno, secondo Freud, si manifestano sotto forma di simboli i nostri pensieri e desideri repressi dal conscio. Uno dei sogni tipi che Freud riporta nell'Interpretazione dei sogni è: quello di essere nudi di fronte agli altri, provare grande imbarazzo, ma non riuscire a muoversi per sottrarsi agli sguardi. Nel sogno colpisce l'indifferenza degli altri che guardano. Tale sogno esprime un ricordo della primissima infanzia, in cui è usuale essere nudi senza vergogna in presenza di altri, e al tempo stesso manifesterebbe nel paziente adulto un desiderio represso di esibizionismo. All'interpretazione dei sogni si associa quella degli atti maldestri, dei lapsus, delle dimenticanze, cioè di quell'insieme di comportamenti che Freud definisce psicopatologie della vita quotidiana, per citare il celebre titolo della sua opera omonima: tali comportamenti costituiscono una sorta di percorso a ostacoli nella ricerca delle ragioni profonde dei trami comportamentali di coloro che sono sottoposti ad analisi.

Tra i metodi più famosi della psicoanalisi è sicuramente quella delle libere associazioni, durante la quale al paziente viene lasciato al libero flusso dei suoi pensieri, dopodiché quando si presenterà un blocco, a causa dell'inconscio che cercherà di reprimere un trauma, lo psicoanalista dovrà porre una serie di domande per superarlo. Tuttavia, durante la terapia psicoanalitica si manifesta un particolare fenomeno, il transfert. Ovvero, quando il paziente rilascia emozione di amore e odio sullo psicoanalista, diventandone dipendente tanto da rendere difficoltosa l'interruzione della terapia. Allo stesso modo anche lo psicoanalista potrebbe immedesimarsi nel paziente, come il celebre caso della Spielrein. Un'altra tecnica è quella dell'abreazione, ha lo scopo di provocare una forte emozione tale da rievocare alla memoria del paziente il trauma subito. A fondamento del metodo psicoanalitico vi è l'idea che i traumi psichici derivino da rimozioni di pulsioni sessuali, cioè di quella che Freud definisce libido. La libido è la pulsione sessuale ingovernabile, capace di produrre stimoli e desideri in misura soverchiante per il poggetto e in modo continuo. Freud non solo la riflessione sulla nevrosi, ma anche tutta la teoria della formazione della personalità si basi sulla progressiva condizione di adattamento o rimozione delle pulsioni libidiche.

STORIA:

L'avvento della società di massa idea di una forte spinta alla rivendicazione della parità tra i sessi e pose in primo piano la questione femminile. Da secoli le donne erano discriminate in ogni campo: escluse dall'elettorato attivo e passivo, in molti paesi si vedevano precluso anche l'accesso agli studi universitari e a molte professioni. Alla fine dell'Ottocento, per iniziativa di donne provenienti dal mondo intellettuale e politico, che grazie alla propria cultura e alla relativa indipendenza economica più facilmente potevano sfidare i pregiudizi, nacque il movimento per l'emancipazione femminile. Nel 1903 nel Regno Unito fu fondata la Women's social and political Union che, sotto la guida di Emmeline Pankhurst, svolse una decisa, talvolta violenta campagna per estendere alle donne il diritto di voto. Per ottenere ciò le "suffragista e "approfittarono del dibattito sul suffragio universale maschile, che in Inghilterra risaliva al cartismo. Ovvero, ti interessava la carta del popolo presentata dalla camera dei comuni, fu movimento politico inglese che, intorno alla metà dell'Ottocento chiedeva il suffragio universale maschile e il voto segreto. Negli altri paesi il movimento femminile non ebbe uguale risonanza, ma fu comunque attivo nel mondo sindacale con la richiesta della parità salariale. Furono varate leggi a protezione e promozione del lavoro femminile: congedi di maternità, divieto di lavoro notturno e domenicale, estensione delle opportunità professionali nel settore terziario. La diffusione della scolarizzazione elementare favorì, specie nel regno unito e negli USA, l'esplosione dell'insegnamento femminile. Si andò affermando, grazie anche alla comparsa della stampa femminile, una nuova immagine della donna, più istruite ed emancipata. Le donne ebbero maggiore libertà nel vestire nei rapporti sociali, forti del loro nuovo ruolo professionale, cominciarono contestare la loro subalternità agli uomini all'interno della famiglia.

ARTE:

GIUDITTA, Klimt – Art Noveau:

Negli anni di fine secolo e nei primissimi del Novecento l'arte dipinto si indirizza un disegno rigoroso e armonico,

arricchito da un preziosismo quasi gotico, con un uso del colore teso sottolineare effetti di trasparenze e dove il gusto per la decorazione appare fortemente indirizzato verso la bidimensionalità. In Giuditta I, dipinto nel 1901, il soggetto biblico è decisamente posto in subalternità, mentre il corpo seminudo dell'eroina, Pina e parzialmente coperto da un sottilissimo velo azzurro con ornamentazioni dorate, il potere incantatore del suo sguardo con un inno alla bellezza femminile, la rappresentazione della Femme fatale, cioè di una personalità femminile seducente, forte e dominatrice. Tali interpretazioni sarebbero diventate negli anni ancora più vere caratterizzante, tanto che lo stesso Klimt confonde Giuditta e Salomé, come accade con Giuditta II, un'opera del 1909, ora conservata a Venezia. Qui le forme della donna, dal corpo quasi snodato, proteso verso sinistra è costretto in una cornice è lunga e stretta, rivelano, nei seni nudi, un definitivo passaggio dalla prescelta dal cielo per compiere una missione salvifica (Giuditta) all'incarnazione della passione che sconfina nella morte (Salomé). Nel dipinto di Vienna Giuditta, splendidamente agghindata e vista in perfetta frontalità dal basso verso l'alto, se ne sta immobile, con gli occhi socchiusi e le labbra dischiuse, in atteggiamento quasi di sfida, mentre, piegando il braccio destro mostra la testa mozzata di Oloferne, che appena si intravede in basso a destra. Il volto della giovane donna, dalla mascella squadrata, enigmatico e bellissimo, incorniciato dall'alto coglie tempestato di gemme di gusto Art Nouveau e dalla gran massa scura e vaporosa di capelli ricciuti. Rendere il dipinto ancora più prezioso di quanto non sia già per l'uso di colore del disegno interviene il fondo oro, che determina un forte contrasto tra la bidimensionalità del lucente monocromo e la tridimensionalità della figura. Si tratta di una ripresa delle tavole gotiche, la cui tecnica era stata studiata dall'artista fin dai tempi della Kunstgewerbeschule. Pinto incomincia in questi anni a usare l'oro in foglia; scelta espressiva che si conferma nell'artista con maggiore vigore dopo il viaggio a Ravenna e la conoscenza e lo studio dei mosaici della tarda romanità, dei tempi di Teodorico e del periodo bizantino di quella che fu l'ultima capitale dell'Impero Romano d'Occidente. Klimt sembra segnare la fine di un'epoca, segnando gli ultimi giorni del dominio asburgico e il definitivo tramonto dell'impero asburgico e la fine della Belle époque.

INGLESE:

Mary Shelley was born in 1797, by the father William Godwin and the mother Mary Wollstonecraft, who died a few days after her birth.

In 1814, at the age of sixteen, she met and ran away with the poet Percy Shelley.

During her life, Mary Shelley was ignored by social circles and she worked as a professional writer.

In 1818, she wrote her masterpiece Frankenstein. The idea for the book came when she was in Genova with Percy and Byron.

Her other works include The last man, a story about the end of humanity, wiped out by a plague, and of the only survivor.

Frankenstein begins when an arctic explorer, Robert Walton, meets Victor Frankenstein, who tells Robert his story, which we discover from the letters that Walton was writing to his sister. Frankenstein was a brilliant student of chemistry, and he discovered the secret of giving life to inanimate matter. He decides to create a living being from parts of dead bodies. The creature has supernatural strength and great intelligence, but also a horrible appearance. The creature, who becomes more and more lonely and miserable, turns into a destructive and homicidal monster. He takes revenge on Frankenstein's brother, murdering him, his friend and his bride. Frankenstein follows him to the Arctic, but after leaving Walton, he dies while searching for the monster.

Frankenstein is structured as an epistolary novel. The narrator is an explorer who meets the scientist Frankenstein before he dies. Frankenstein tells the narrator his story tale, but at a certain point in the book, the perspective shifts from the narrator to that of the creature, entering in his mind. Shelley shows us how an innocent creature can be corrupted by a hostile society, at the point where he decides to take revenge. Is more sophisticated than an ordinary gothic romance. It transforms into an enquiry on the nature of creation, scientific responsibility and social justice.

The novel can be seen as a feminist critique of male rationalism and to the idea that science can reveal all the secrets of the universe. Mary Shelley also reveals man's envy of woman's power to create life.

The poem gives us the first indication of a dark side to scientific positivism. The figure of the creature himself is much more complicated than the evil monsters in a horror story. He begins his life as an incarnation of a "noble savage".

SCIENZE:

Cellule di derivazione animale (quindi anche di uomo) possono essere fatte crescere in coltura, anche se con metodi più complessi rispetto ai precedenti. Se per esempio si vogliono coltivare cellule che derivano da un particolare tessuto umano, per prima cosa bisogna isolarle da un frammento del tessuto di interesse. Per far questo, si utilizzano enzimi e sostanze chimiche che degradano la matrice extracellulare e porta-no alla separazione delle cellule. Le cellule così preparate vengono inserite all'interno di capsule di Petri, di solito direttamente sulla superficie solida opportunamente trattata e rivestita con sostanze diverse a seconda del tessuto che si vuole coltivare. Spesso sono necessarie proteine, come il collagene (che in pratica rendono questo ambiente artificiale più simile a quello di provenienza) e sostanze particolari chiamate fattori di crescita, senza le quali le cellule iniziano rapidamente a morire. I fattori di crescita sono aggiunti a un «terreno di coltura liquido», ovvero una soluzione acquosa contenente sali, sostanze nutritive, e in generale tutto quanto ser-ve alla sopravvivenza delle cellule. Le capsule vengono incubate alla giusta temperatura, esposte alla giusta quantità di ossigeno e CO e mantenute in ambiente sterile. In molti casi le cellule sono trasferite dalle piastre iniziali per produrre un gran numero di piastre secondarie ed essere coltivate per settimane o mesi. Sistemi in vitro Con le colture cellulari si ottengono dei tipi cellulari omogenei, all'interno di microambienti dei quali è possibile controllare quasi tutte le caratteristiche. Questi microambienti vengono chiamati sistemi in vitro. È possibile condurre un'enorme varietà di esperimenti in vitro, diversi da quelli svolti sull'intero animale, definiti esperimenti in vivo. In certi casi, è stato possibile ottenere linee cellulari «immortalizzate», come le famose cellule Chela. Nel 1951, negli Stati Uniti, venne prelevato un campione di tessuto tumorale da una paziente di nome Henrietta Lacks, che successivamente morì a causa del male. Il campione venne posto in coltura, e si ottennero così delle cellule che ancora oggi sopravvivono e continuano a moltiplicarsi. Il nome dato a questa linea cellulare deriva dalle iniziali della paziente a cui venne fatto il prelievo. Numerosi studi, in laboratori di tutto il mondo, fanno uso di queste cellule, per ricerche di biologia cellulare e molecolare, o per te-stare farmaci, solo per fare alcuni esempi. La maggior parte dei tipi cellulari sono programmate per non crescere in modo indefinito, e così anche in vitro smettono di riprodursi dopo un certo numero di divisioni cellulari. Non è un caso che la prima linea di cellule immortali derivi da un tessuto tumorale: in questo tipo di malattie vengono di solito rimossi i meccanismi che controllano la crescita e il ciclo cellulare in generale. "Immortali zare le cellule" significa ottenere cellule umane che si riproduco-no indefinitamente in coltura, rimuovendo i normali meccanismi di controllo del ciclo cellulare. In pratica, si ottengono cellule che si riproducono in modo continuo, e che assomigliano in maniera più o meno marcata a quelle che in vivo causerebbero un tumore. L'moralizzazione delle cellule non è semplice: essa necessita di cambiamenti a livello genetico. Per ottenere queste mutazioni si possono utilizzare sostanze chimiche mutagene oppure (con maggiore efficacia) dei virus modificati. Questi strumenti sono utilizzati per alterare alcuni particolari geni, coinvolti nella regolazione del ci-col cellulare. In altri casi, per indurre le cellule a sopravvivere indefinitamente si agisce riattivando dei geni divenuti inattivi, come quello che codifica la telomerasi, un enzima che «allunga» la vita delle cellule. Per alcuni tessuti, è più facile ottenere colture cellulari: si tratta di quei tessuti nei quali, nell'adulto, le cellule sono a rapido ricambio (turnover), come per esse-pio la pelle o la cartilagine. La nostra pelle viene cambiata completamente in circa quattro settimane. Essa, in condizioni normali, essendo esposta all'ambiente esterno, viene sollecitata in molti modi diversi (abrasioni, bruciature, lesioni di vario tipo). Per rispondere a questi traumi, la pelle possiede un'elevata capacità rigenerativa, che permette di riparare i danni e formare cicatrici che spesso, successivamente, scompaiono del tutto. Questa capacità è dovuta alla presenza di cellule staminali, ovvero cellule che sono dotate una duplice caratteristica: sono infatti in grado di trasformarsi in diversi tipi cellulari specializzati (poterci) ma anche di auto rinnovarsi (self-renala) per garantire la presenza costante di una "riserva" di cellule staminali nel tessuto in cui risiedono. Alcune linee cellulari sono state ottenute da cellule staminali embrionali umane. Tali cellule furono isolate per la prima volta sul finire degli anni '90 a partire da embrioni umani sovrannumerari, prodotti per la fecondazione assistita. Le colture di cellule staminali embrionali sono state ottenute a partire da stadi molto precoci (pochi giorni di sviluppo dopo la fecondazione). Le cellule staminali embrionali possono riprodursi indefinitamente e differenziarsi in qualsiasi tessuto dell'adulto. Per questo, esse potrebbero essere utilizzate per curare delle malattie attualmente incurabili. Il loro impiego avviene prevalentemente nell'ambito della medicina rigenerativa, cioè laddove si debba sostituire un tessuto danneggiato a causa di una malattia (come nella sclerosi multipla, nei danni traumatici al sistema nervoso, in vari tipi di tumore, ecc.). Le cellule staminali embrionali, mediante appropriati protocolli di differenziamento, sono indotte a produrre in vitro le cellule del tessuto malato; queste vengono poi trapiantate in vivo nell'organo danneggiato. Oggi esistono già sperimentazioni cliniche di questo tipo, per esempio con cellule retiniche. Siccome questi tipi cellulari sono ottenuti a partire da embrioni umani, che vengono distrutti nel procedimento, il loro utilizzo pone dei problemi etici: l'embrione da cui si parte contiene in sé la potenzialità di dar vita a un essere umano, per questo molte persone ritengono che l'utilizzo di queste cellule equivalga a distruggere una vita. Attualmente è possibile ottenere cellule staminali an-che a partire da cellule differenziate, "riprogrammandole", oppure isolare cellule staminali da vari tessuti dell'adulto. Queste sono utilizzate in protocolli di terapia cellulare (ad esempio per ricostruire la super-ficaie corneale) e di terapia genica (ad esempio per correggere malattie genetiche del sangue o della pelle (lezione 1) del capitolo successivo). Le cellule staminali embrionali possono dare origine a qualsiasi tipo di tessuto, e per questa caratteristica vengono dette pluripotenti. Quelle che derivano dai tessuti differenziati, invece, possiedono capacità più limitate, possono dare origine solo a certi tipi di tessuto, e vengono definite multipotenti o onnipotenti.

FISICA:

Marie Curie era originaria della Polonia e aveva intrapreso la sua carriera da insegnante, successivamente grazie ad un aiuto economico della sorella, riesce a trasferirsi a Parigi e condurre gli studi all'università della Sorbona dove si laurea in fisica e successivamente in matematica. A Parigi incontra anche quello che sarebbe stato il suo futuro marito ovvero Pierre curie, con il quale inizia una grande ricerca nell'ambito della radioattività, sulla base degli studi di Becquerel. La coppia riesce a isolare il polonio e il radio. Ma che cos'è la radioattività? Da cosa viene scatenata? è la proprietà che hanno gli **atomi** di alcuni elementi di **emettere spontaneamente radiazioni ionizzanti** e può avere origine naturale oppure artificiale (ad esempio negli elementi prodotti in laboratorio). Gli atomi, infatti, non sono tutti stabili e possono mutare nel tempo. Quelli con il peso atomico più grande, cioè **con un nucleo composto da molti protoni**, sono radioattivi e possono disgregarsi emettendo radiazione elettromagnetica (radioattività naturale). Oggi la radioattività ha numerosi campi di applicazione, come la medicina, e sono sempre di più gli elementi radioattivi che vengono prodotti in laboratorio. Tuttavia, occorre prestare attenzione e cautela: le radiazioni possono infatti produrre danni agli organismi viventi. A tal proposito, in particolare sulle radiazioni emesse dall'energia nucleare, abbiamo avuto l'opportunità in classe di tenere un dibattito a riguardo. Siamo stati suddivisi in due squadre: una squadra favore di questa e una contro, dopo aver svolto delle ricerche con i compagni di gruppo ci siamo confrontati con l'altra squadra esponendo le nostre idee e i dati che abbiamo ricavato, cercando di fare riferimento anche alle catastrofi avvenuti in passato come Chernobyl e Fukushima.

ITALIANO:

Gabriele D'Annunzio non si è mai etichettato come un esteta, ma l'ultimo degli umanisti. Gabriele D'Annunzio nasce da una famiglia borghese a Pescara, il padre prende il cognome di uno zio e di conseguenza anche lui. La prima raccolta viene pubblicata 16 anni con "primo vere", molto apprezzata anche grazie a uno spregiudicato lancio pubblicitario in cui fingeva la morte. Nel 1881 si trasferisce a Roma per frequentare l'università ma non la frequenterà bensì vivrà la mondanità di Roma. In questi anni scrive: canto nuovo e terra vergine. Successivamente si trasferisce in Abruzzo dove compone il suo primo romanzo esteta "il piacere", l'opera viene pubblicata nel 1888, stesso anno di mastro Don Gesualdo, e ottenne notevole successo. Il piacere narra la storia di un esteta, Andrea Sperelli, che vive circondato dal lusso e da due donne, ma alla fine farà dire al protagonista che il padre gli ha dato un ordine" fai della tua vita un'opera d'arte". Il protagonista tante cose in comune, tra cui il fatto che entrambi agiscono. Trasferito a Napoli, D'Annunzio inizia a mutare i temi delle sue opere inserisce temi più intimi e legati al recupero dell'innocenza e della purezza, qui scrive: Giovanni e Piscopo, l'innocente, la raccolta poema paradisiaco in cui fa un cammino a ritroso verso la sua infanzia e il recupero della semplicità degli affetti familiari. Dopo la morte del padre, D'Annunzio tornò in Abruzzo dove compone le vergini delle rocce, nella quale il protagonista cerca una donna per generare un superuomo. A Venezia conosce Eleonora Duse con la quale conduce una vita lussuosa senza badare ai debiti. Avere una relazione con un'attrice famosa, significa stare sulle prime pagine di giornali e che tutti lo conoscono. La vicinanza con l'attrice la volontà di trasmettere il messaggio supero mistico spingono il poeta a cimentarsi nella produzione teatrale e il successo arriva con "la figlia di Iorio" ambientato in Abruzzo e dominato da passioni violente. La forma letteraria il desiderio di azione portano D'Annunzio a impegnarsi in politica, viene eletto deputato della destra ma un certo punto cambia idee e diventa socialista. Gli anni a cavallo tra i due secoli vedono il poeta impegnato in un'intensa attività letteraria caratterizzata dalla fusione del tema del superuomo con la natura, approda al panismo. Nell'audio è un progetto che doveva comprendere sette libri: del cielo, del mare, della terra e degli eroi, ma solo cinque furono realizzati. In particolare: Maya, Elettra e Alcyone, quest'ultima la più importante, è il diario di una lunga vacanza estiva trascorsa sulle coste di Versilia in cui D'Annunzio lascia spazio la fusione con la natura, la ripresa della classicità e della musicalità. La situazione economica di D'Annunzio è sempre più critica che si auto esilio in Francia dove resterà per cinque anni, in questa fase sperimenta nuovi temi e forme prose e brevi di contenuto autobiografico o di artistico. Nel 1915 fa ritorno in Italia dove si distingue per un acceso interventismo e i suoi violenti discorsi conquistano la folla. Così, nonostante l'età, si arruola volontario e si fa fare la divisa da un sarto personale, su misura. Nel 1916 subisce una ferita gli occhi e rimane cieco per un certo periodo e scrive un'opera "notturno" grazie all'aiuto della figlia Renata. La fine della guerra si conclude con le trattative di Versailles, deluso dalle mancate concessioni di fiume e della Dalmazia, D'Annunzio la chiama "vittoria mutilata". Così nel settembre del 1919 occupa fiume, andando sia contro lo Stato italiano sia contro la Jugoslavia, mantiene la città per sei mesi, finché lo Stato italiano ha sede la città costringe i legionari a ritirarsi. Fiume diventa uno Stato indipendente. Dopo l'impresa di fiume, D'Annunzio si ritira nella villa sul lago di Garda che poi ribattezzerà "il Vittoriale degli italiani" dove vive controllato dalle spie di Mussolini. L'atteggiamento di D'Annunzio verso il fascismo ambiguo: non si schiera né a favore né contro. Muore nel 1938.

LATINO:

Tacito è considerato tra i più grandi storici della letteratura latina, che oltre a scrivere opere storiche di cui ricordiamo le Historiae e gli Annales, scrive un encomio nei confronti del suocero Giulio agricola, comandante militare distintosi per la conquista della Britannia, di cui era stato anche il governatore. Successivamente sarà richiamato a Roma da Domiziano, e morirà in circostanze sospette. All'interno di quest'opera agricola viene messo nella miglior luce possibile, inoltre, il racconto comprende un excursus di carattere geografico ed etnografico sui popoli che la abitano. Tacito lodava indirettamente se stesso e la propria famiglia, un'operazione non casuale. Infatti, viene scritta nel 98, momento in cui cambiato regime alla figura di Domiziano sono succeduti Nerva e Traiano. Per non generare sospetti di collaborazione con il vecchio regime serviva riportare alla memoria agricola e presentarlo come una vittima del crudele imperatore passato. Il protagonista viene raffigurato come rappresentante dell'antica virtus romana non contaminata dalla corruzione della capitale: un vir bonus che ha saputo affrontare le vicende della vita con coraggio e nobiltà. L'idea di Tacito è che chi intende servire lo Stato, anche sotto un governo ingiusto, deve compiere dovere usando prudenza e moderazione, mentre ribellione aperta oltre che essere inutile, porta rovina di chi la pratica produrre danni alla collettività. Non per questo bisogna cedere servilismo e silenzio acquiescente; Agricola incarna questo modello, seppe mantenere dignità anche i momenti duri di oppressione. Parte più notevole, dedicata strepitosa vittoria contro Caledoni, nell'83 presso mote Graupio. Questi erano molto più numerosi, ma esercito romano nel pieno della sua efficienza. Prima battaglia due comandanti arringano truppe. Tacito riferisce discorso di Calgàco, il loro comandante, del quale poi non darà più notizia; e la volta di Agricola, pronuncia discorso modello, degno di un comandante romano, esortando suoi e mostrando tranquilla fiducia vittoria. Fra i tuoi discorsi, maggiore fascino quello di Calgàco. Parole di un uomo fiero e libero, verso il quale tacito sembra orienti propria simpatia, uomo che si batte insieme popolo per libertà contro invasori. Questo discorso contiene parole possono valere a commento qualsiasi imperialismo di qualsiasi epoca: i romani devastano, depredano, sottomettono sia popoli ricchi che poveri, per smania di potere. Nessuno riesce a fermarli sono arrivati sino confini del mondo. Tacito riporta questo discorso ma rovescia la prospettiva, ponendosi dalla parte dei nemici sconfitti; in fin dei conti egli nutriva qualche rispetto per questi barbari, che difendevano la loro libertà ed erano si feroci e selvaggi, ma non ancora corrotti dalle mollezze e dall'opportunismo dilaganti a Roma.

FILOSOFIA:

La riflessione di Anna Arendt riguarda soprattutto temi etico-politici, rivolgendosi in particolare alla genesi e alle conseguenze del nazismo in "**Le origini del totalitarismo**" (1951) e in "**La banalità del male**". La prima è uno studio del nazismo e dello stalinismo che ha generato un ampio dibattito sulla natura e gli antecedenti storici del fenomeno totalitario; la seconda, è stata scritta dopo aver assistito, come inviata del giornale New York, il processo, che si tiene a Gerusalemme, all'ufficiale delle SS, Adolf Eichmann. "Eichmann a Gerusalemme" (1963). In "vita activa" sviluppa una riflessione a più ampio raggio sulle ragioni della visita e la politica e della vita attiva nelle società contemporanee. Il maggior contributo di Arendt a proposito del totalitarismo sta nell'aver individuato i caratteri generali di questa forma di Stato, aldilà delle specificità dei singoli casi. Anche se il totalitarismo nel passaggio fra le due guerre interessa essenzialmente due paesi, Germania e Urss, Arendt fornisce una sorta di struttura interpretativo generale del fenomeno, i cui elementi sono:

- L'utilizzo delle masse antipolitiche come nuovo soggetto politico;

- La creazione del consenso per mezzo del terrore;

- L'elaborazione di un'ideologia totalitaria che ha lo scopo di interpretare gli eventi in funzione della conservazione del regime in modo indipendente dal reale svolgimento dei fatti e dalle prove a suo sostegno.

Secondo Arendt, il totalitarismo si lega al declino dello Stato nazionale e al sorgere dell'imperialismo, alla rottura del sistema classista e all'autonomizzazione della società di massa. I principali strumenti del totalitarismo sono l'ideologia e il terrore, che si esprimono nel partito unico. Gli ebrei nemici per Hitler sono come la classe dei capitalisti sotto Stalin. I nemici dello stalinismo sono: antirivoluzionari, contadini ricchi, supposti "traditori del partito" ecc. Lo Stato sviluppatosi nel corso dell'Ottocento chi ha le sue origini nel nazionalismo, nell'imperialismo e nell'antisemitismo. Certe caratteristiche del totalitarismo erano già presenti nella civiltà europea di fine Ottocento e con l'imperialismo già sperimentava possibilità di compiere crudeltà e stragi. Il regime totalitario è strettamente connesso con la società di massa, una ristretta Élite economico-politica domina su una massa di persone incapaci di azione politica. La società di massa è caratterizzata dalla perdita di identità degli individui e la progressiva sparizione dei gruppi sociali tradizionali, forniscono un'identità e una rete di sostegno le persone. La massa è composta da individui isolati, senza reale senso di sé e senza alcuna appartenenza sociale. Ne consegue una facile identificazione delle masse nel partito totalitario, capace di aggregare con facili slogan e di fornire identità contro qualcuno. I partiti totalitari hanno avuto per primi la capacità di includere nella politica proprio quelle masse a politiche, che erano estranee adesso. Allo scopo di dare un corpo solido alle masse, il totalitarismo si serve di un'efficace propaganda. Questa allo scopo di indottrinare le masse con un'ideologia, come il nazismo o il comunismo. Esperti di propaganda coniano slogan che vengono ripetuti costantemente, semplificano i problemi, prospettano soluzioni facili alle difficoltà della società attuali. Questo impoverimento del pensiero critico da parte delle masse la possibilità di essere manipolati da piccoli gruppi di potere, spiega come sia stato possibile il formarsi del consenso verso i regimi totalitari, che, in un periodo di forte crisi economica, sono riusciti ad inculcare nelle masse ideologie pericolose e criticamente poco fondate. L'idea è incredibile che la causa delle disgrazie della Germania fosse il complotto ebraico internazionale veniva ampiamente diffusa slogan e manifesti, in cui il complotto ebraico internazionale veniva ampiamente diffusa da slogan e manifesti, in cui veniva raccontato un mondo tedesco sotto assedio da parte degli ebrei in cui si profetizzava un futuro glorioso nato dalla "risoluzione" del problema ebraico. Oltre a ciò, il regime totalitario mette a tacere ogni forma di dissenso, tramite violenza fisica: organizza squadre punitive e sequestri, rinchiude in carcere o in campi di prigionia gli oppositori, oppure li elimina.

STORIA:

Mussolini fondatore del fascismo passato alla storia anche con il duce. Egli fu il presidente del consiglio del regno d'Italia, assunse poteri dittatoriali nonché il titolo di capo del governo Primo Ministro segretario di Stato. In giovane età si schierò dalla parte dei socialisti rivoluzionari in seguito divenne l'esponente di spicco del partito socialista e nel 1912 assunse la direzione del quotidiano socialista "lavanti". Nel novembre 1914, trovandosi in contrasto con le idee del partito, si dimise dall'avanti e fondò il suo giornale (il Popolo d'Italia) e schierandosi a favore dell'intervento italiano in guerra venne espulso dal partito socialista. Alla fine del prima guerra mondiale, Mussolini torno alla direzione del suo giornale nel marzo del 1919 fondò i fasci italiani di combattimento (1919). Ai fasci aderirono soprattutto nazionalisti ex combattenti il programma del movimento e risultava essere molto confuso: era caratterizzato da posizioni nazionaliste, repubblicane ed anticlericali, e dalla polemica contro i liberali e del capitalismo. Ma l'elemento dominante era la decisiva avversione per il socialismo. I fascisti parteciparono alle elezioni del 1919, presentandosi solo a Milano e ottennero meno di 5000 voti. L'anno seguente, furono le agitazioni sociali ad offrire al fascismo l'occasione per aumentare i propri consensi. Mussolini quindi sostenne che le iniziative sindacali andavano contrastate con la forza. Per questo, nel 1921, organizzò delle squadre d'azione che, specie nelle campagne emiliani, ripresero violentemente la protesta dei contadini. Le squadre fasciste erano composte in prevalenza dei combattenti, disoccupati ed avventurieri. Furono protagonisti di violenze e sistematicamente organizzate: distrussero le sedi delle organizzazioni di braccianti, colpirono coloro che si erano distinti nella lotta contro i padroni delle terre, gli avversari venivano piegati a colpi di manganello oppure venivano obbligati a bere l'olio di ricino, forti purganti. La polizia spesso non interveniva, anzi in qualche caso era complice. La violenza delle squadracce veniva giustificata il nome del pericolo rivoluzionario. Come abbiamo visto i proprietari terrieri e gli industriali appoggiarono Mussoli tuttavia, i fascisti ottenere il consenso più vasto dai ceti medi, cioè da coloro che non erano né proletari e né borghesi: piccoli proprietari terrieri, commercianti, impiegati, insegnanti, eccetera. Questi soggetti non si sentivano rappresentati dei liberali e temevano la rivoluzione comunista. Mussolini nel 1921, per ottenere più consensi, trasforma il movimento in partito: nasce il partito nazionale fascista (PNF). Nel 1921 Mussolini si presentò alle elezioni per formare un nuovo governo, insomma si pensava che i fascisti potessero contrastare i comunisti ed i sindacati e che la loro violenza potesse frenare gli scioperi operai e i contadini.nonostante la crisi del partito socialista non riuscì ad ottenere la guida del paese. Il 24 ottobre Mussolini raduno a Napoli migliaia di camice nere, poi formò un esercito e decise di prendere il potere marciando su Roma (28 ottobre 1922). Con la marcia su Roma re Vittorio Emanuele III diede l'incarico a Mussolini di formare un nuovo governo (30 ottobre 1922). I sostenitori del primo governo Mussolini (1922-1924) furono fascisti, liberali e fino al 1923 anche popolari. Nei primi due anni di governo Mussolini rispetto alle leggi e questa fase viene chiamata legalitaria. Ma le squadre fasciste continuarono nella loro lotta contro i socialisti. Nel 1922 le squadre furono istituzionalizzati attraverso la creazione della milizia volontaria per la sicurezza nazionale (MVSN): una forza armata alla dipendenza del duce. Anche le elezioni del 1924 si svolsero in un clima di tensioni, violenze e irregolarità: un candidato viene addirittura ucciso da molti antifascisti impedito di votare. Nonostante questo le opposizioni ottenere un risultato significativo, 35,1% dei voti, ma la maggioranza andò alla lista fascista, la quale si erano presentati anche importanti personalità liberali. Il 30 maggio del 1924 le violenze e le gravissime irregolarità avvenute durante le elezioni vennero denunciati dal socialista Giacomo Matteotti con un coraggioso e duro discorso alla camera. Matteotti, 10 giorni dopo, viene rapito e assassinato dagli squadristi. Il suo corpo fu ritrovato in un bosco nei pressi di Roma nel 1924. La responsabilità di Mussolini dei suoi collaboratori fu subito chiara i rappresentanti dei partiti antifascisti per protesta abbandonarono l'aula del parlamento, riunendosi nell'Aventino. I deputati dell'Aventino speravano di convincere il re Vittorio Emanuele III ad intervenire contro Mussolini per ristabilire la legalità ma il Reno fece nulla. Mussolini in famoso discorso alla camera dei deputati, nel 1925, assunse l'intera responsabilità politica e morale di quanto era accaduto. A partire da questo momento il fascismo si trasformò definitivamente in una dittatura in uno stato totalitario, questo perché Mussolini aveva pieni poteri sullo Stato. L'anno seguente vennero sciolti tutti i partiti dell'opposizione, vennero chiusi tutti i giornali antifascisti. La trasformazione dello Stato liberale in stato totalitario fu completata con una nuova legge elettorale (1928) con la quale affidò il gran consiglio del fascismo il compito di presentare una lista unica di candidati: cittadini non potevano più scegliere loro rappresentanti, potevano solo approvare o meno la lista proposta. Le libere elezioni erano così so se i tweet e dei plebisciti. Inoltre, anche una polizia segreta l'OVRA. La politica estera di Mussolini fu nazionalista e colonialista: nazionalista perché fu aggressiva nei confronti delle altre potenze europei; colonialista perché impegno il paese nella conquista di nuove colonie. Per Mussolini l'espansione coloniale avrebbe dato prestigio all'Italia e avrebbe risolto il grave problema della disoccupazione, offrendo agli italiani nuove terre da lavorare. Il primo obiettivo del progetto fascista fu l'Etiopia. Dopo la vittoria nei tuoi copia, si avvicinò alla Germania di Hitler con il quale firmò il patto d'acciaio (1939). La Germania infatti non aveva disapprovato la conquista e aveva appoggiato l'Italia con rifornimenti di armi e di materie prime. Nell'ottobre del 1936 si giunse alla firma di un patto di amicizia: l'asse Roma-Berlino. L'alleanza fu rafforzata l'anno successivo, quando anche l'Italia the RIA, ad un patto tedesco-giapponese contro il comunismo internazionale: il patto antikomintern. La conseguenza più grave dell'alleanza tra Mussolini e Hitler fu l'introduzione in Italia delle leggi razziali contro gli ebrei nel 1938. Queste leggi suscitarono molte perplessità nell'opinione pubblica la dura condanna della chiesa cattolica e prepararono la crisi del regime che sarebbe terminata nella seconda guerra mondiale. Tra i due dittatori, comunque, alleanza fu rafforzata nel 1939 con il patto d'acciaio. Con esso le due nazioni si impegnarono reciprocamente nel caso di una guerra.

Adolf Hitler fu arruolato nella Prima guerra mondiale e fortemente deluso dalla sconfitta aderisce e guida il partito nazionalsocialista tedesco dei lavoratori, forma anche delle squadre d'assalto nel 1923 tenta un colpo di Stato in Baviera, ma fallisce e finisce in carcere qui scrive il Mein Kampf. Tramite la violenza compie una rapida ascesa al potere, ma come vieni tutto ciò? La crisi del 1929 aveva messo in ginocchio l'economia tedesca, aveva reso la Repubblica di Weimar legata ai finanziamenti americani, la società necessitava di una forza quindi ogni ideologia nazista attirava la popolazione. L'ideologia nazista esaltava la comunità del popolo tedesco e la sua forza, l'idea di uno spazio vitale e l'antisemitismo e antibolscevismo in quanto un complotto giudaico bolscevico internazionale avrebbe portato alla sconfitta della Germania nella Prima guerra mondiale. L'all'inizio faceva affidamento sul nazionalsocialismo: voleva l'unione di tutti i popoli tedeschi dispersi all'interno dei diversi Stati europei e socialista in quanto voleva creare uno Stato forte, garantendo giustizia sociale. E trasforma poi il partito nazista in un'organizzazione gerarchica, presente nei diversi Stati regionali capaci di propaganda e dotati di strutture militari. Come avvenne la presa del potere? La crisi della Repubblica di Weimar e l'instabilità politica fece aumentare i consensi presso le Élite economico finanziarie e militari, che vedevano stabilita nel nazismo. Nel 1931 alle elezioni Hitler contro Hindenburg ottenne il 56%. Tuttavia, Hitler diventa cancelliere solo nel 1933 e continua la sua tattica di mescolare violenza illegalità, infatti durante l'incendio della Reichstag falsamente attribuito ai comunisti. Nello stesso anno ottiene la maggioranza assoluta in parlamento ed emana la legge che gli conferiva pieni poteri (anche legiferare contro la costituzione). Vennero abolite le libertà e possibilità di dissenso: non furono messe istituzioni non in linea con l'ideologia nazionalsocialista, il potere regionali fa segnato a governatori nominati dal governo, rapporti con la chiesa cattolica regolati da un concordato. Nel 1933 fu istituito il primo campo di concentramento a Dachau. Nel 1934 Hitler era capo dello Stato e iniziava il terzo Reich, privo di ogni autonomia le strutture del potere legale, il Fuhrer era l'unica fonte di diritto con potere assoluto, c'erano altri centri di potere: Gestapo la polizia segreta e SS. L'ideologia propagandistica del lavoro: essere disoccupati era considerato un delitto, si crea il fronte del lavoro: organizzazione gestita dal partito che inquadrava tutti lavoratori dal punto di vista sindacali, assistenziale e ricreativo. Si forma la gioventù hitleriana, mezzi di comunicazione di massa, riti collettivi per manipolare le coscienze. Sul piano economico viene attuata una politica dirigista lo Stato controllava il mercato, regolava i prezzi e i salari, segnava materie prime, manodopera e mezzi di produzione. Viene attuato il protezionismo e l'autarchia per sostituire i prodotti esteri con beni nazionali. Viene finanziata anche la spesa pubblica con lo scopo di: raggiungere la piena occupazione conquista consenso popolare, piano economico quadriennale per preparare il paese alla guerra il grande impiego di risorse pubbliche per finanziare gli investimenti, comportava una politica estera aggressiva. Nel 1935 furono varate le leggi di Norimberga che privavano gli ebrei della cittadinanza e vietava matrimoni rapporti tra ebrei e ariani. Nel 1938 si verificò la notte dei cristalli, usata come scusa per iniziare il progetto di devastazione degli ebrei ma non solo.

Il testo riporta il periodo del totalitarismo sovietico, dall'ascesa di Stalin fino al 1939. Dopo la morte di Lenin, Stalin prese il controllo dell'URSS e implementò la politica del "socialismo in un solo paese", in contrasto con il progetto di Trockij di diffondere la rivoluzione in altri paesi. Questa scelta portò all'isolamento internazionale dell'URSS e all'aumento dell'autoritarismo dei leader sovietici. Stalin avviò un piano di industrializzazione forzata, con l'obiettivo di raggiungere rapidi progressi economici. La produzione industriale aumentò notevolmente, ma la produttività diminuì a causa di misure punitive e coercitive. L'industrializzazione comportò anche un importante cambiamento sociale, con milioni di lavoratori che vennero trasferiti dalle campagne ai centri industriali. La collettivizzazione forzata dell'agricoltura fu un'altra caratteristica del regime staliniano. I contadini furono costretti a entrare nelle aziende agricole collettive, mentre i kulaki (contadini più abbienti) furono privati dei loro averi e deportati. La resistenza a questa politica fu repressa in modo spietato. Il regime staliniano si caratterizzava per la persecuzione di dissidenti e per la caccia ai traditori e ai presunti complotti. I campi di lavoro coatto (Gulag) furono utilizzati per imprigionare gli oppositori politici e sfruttarli come manodopera a basso costo. Milioni di persone morirono di fame durante la carestia del 1932-1933, ma il regime cercò di nascondere questa tragedia al resto del mondo. Stalin consolidò il suo potere attraverso purghe e processi-farsa, eliminando i dirigenti bolscevichi che potevano minacciare il suo dominio. Il culto della personalità di Stalin fu promosso attraverso la propaganda e il controllo ideologico fu esercitato attraverso il partito unico e le organizzazioni giovanili. Nonostante le violenze e le restrizioni, il regime staliniano ottenne un certo consenso grazie ai successi economici e all'orgoglio nazionale che suscitò. L'URSS cercò di instaurare rapporti con altre nazioni, in particolare con la Germania e la Francia, ma i rapporti con la Germania si deteriorarono con l'ascesa di Hitler al potere. In conclusione, il periodo del totalitarismo sovietico sotto Stalin fu caratterizzato da repressione politica, industrializzazione forzata, collettivizzazione dell'agricoltura e culto della personalità.

ARTE:

Il futurismo è una delle tante avanguardie artistiche dell'arte del 900 e come tutti gli artisti che fanno parte di una delle avanguardie troviamo un sacco di informazioni scritte, proprio perché gli artisti delle avanguardie amavano darsi un programma scritto di come doveva essere la loro arte. Abbiamo delle informazioni ben chiare e ben precise rispetto l'anno di fondazione del futurismo. Il primo manifesto futurista è del 20 febbraio 1909, uno dei dati più sicuri, pubblicato da un certo Filippo Tommaso Marinetti. Questo articolo è stato pubblicato su un quotidiano, Figaro. E' preceduto da un prologo nel quale Marinetti descrive i momenti febbrili di fondazione del Futurismo, raccontando di un'intera nottata trascorsa con gli amici a scrivere e discutere, e che si conclude con una veloce corsa in automobile, finita in un fosso per evitare 2 ciclisti. Viene pubblicato su "Le Figaro" e si sviluppa in 11 punti. Concetti chiave:

- contestazione di ogni "passatismo" (ripiegamento o imitazione)

- celebrazione della macchina (=forza occulta che ha generato la nuova società), del movimento e della velocità, elogio alla modernità

- la guerra come purificazione: la via più immediata per sbarazzarsi della tradizione

- delegittimazione di ogni istituzione volta a studiare il passato

- vicinanza al vitalismo, che percorre il pensiero filosofico europeo di quegli anni, e arriva ad esaltare la guerra come "sola igiene del mondo"

- condanna della donna in quanto la vede come semplice ruolo di fonte di desiderio e provocatrice di immoralità

- classicismo e decadentismo diventano bersaglio della sua sferzante polemica

- tendenza irrazionalistica

- clima dominato dal nazionalismo che va saldandosi con una confusa e aggressiva (schiaffo e pugno) richiesta di rinnovamento e di azione

- credono di trovare nella guerra la realizzazione del radicale rinnovamento da essi auspicato

L'obiettivo del manifesto è cercare con ogni mezzo il contatto con un pubblico più vasto ed eterogeneo possibile, attraverso una vera e propria campagna pubblicitaria continua.

Marinetti è stato uno degli autori del manifesto futurista e il carattere generale di questo manifesto proponeva fondamentalmente un rinnovamento di tutte le arti e di tutte le attività artistiche che si potevano fare (letteratura, arte, musica). Prevedeva un radicale rinnovamento di tutte quelle forme d'arte in rapporto al dinamismo della vita moderna. Tutto ciò andava contro tutto quello che era tradizione e che era arte del passato. Marinetti, personaggio da sempre rivoluzionario, ha aderito alla Repubblica di Salò e si avvicinò fin troppo alle ideologie di Mussolini ma la sua mentalità è stata fondamentale per distaccarsi dalle convenzioni tradizionali della cultura italiana, rinfrescandola in tutti gli ambiti dell'arte a 360°. Avverte la necessità di ritrovare un contatto con il mondo reale contemporaneo che richiede anche una diversa modalità di pensare la vita nel suo complesso. Al manifesto dell'arte futurista hanno aderito molti artisti tra cui, nell'ambito della pittura: Boccioni, Carlo Carrà, Russolo, Balla, Bolzoni, Romani e Severini. Questi pittori non hanno iniziato a fare arte con il futurismo ma hanno iniziato nei periodi precedenti; quindi, il loro essere artisti affermati inizia già prima. Troviamo quindi delle loro opere già iniziate e appartenenti al periodo divisionista, in particolare in ambito milanese. Questi artisti hanno poi iniziato a distaccarsi dall'arte del passato avvicinandosi all'arte sociale.

Marinetti vuole cercare ogni contatto con un pubblico più vasto ed eterogeneo possibile attraverso una campagna pubblicitaria continua, ad esempio organizza le serate futuriste in cui si assiste a declamazioni audaci e controverse, che portano talvolta alla rissa, il che attira l'attenzione mediatica. Altro tema futurista è il culto dell'azione, che si traduce nel programma politico futurista del 1913. Marinetti si scaglia contro il socialismo e a favore dell'entrata in guerra. Negli anni 20 i futuristi pur partecipando alla propaganda fascista.

Esistono anche manifesti della pittura futuristi. Il primo è il 'manifesto dei pittori futuristi', il secondo è il 'manifesto tecnico'. Ribadiscono rifiuto della tradizione e della pittura accademica, il secondo manifesto propone come principio basilare della pittura futurista il rapporto tra immagine e movimento: le cose in movimento si moltiplicano e deformano come vibrazioni nello spazio, così un cavallo in corsa non a quattro gambe ma 20. Tutti i corpi si compenetrano e si amalgamano.noi per remo lo spettatore nel centro del quadro. Nascono più tardi il manifesto dei musicisti futuristi, dei drammaturghi futuristi, della donna futurista, della cinematografia futurista, della danza e della letteratura futurista.

INGLESE:

1903: Orwell was born in Bengal, India. He returned to England as a child, with his mother and sister
1922/1927: He served in Britain's imperial police force in India. After resigning from the force because of his hostility to imperialism and his wish to become a writer, Orwell returned to Europe.

1936: he went to Spain to fight against the Fascists in the Spanish civil war 1950: he died in London

Literary production

Orwell's first novel "Burmese Days" was published in 1934, followed by "Down and Out in Paris and London", which describes the condition of poverty Orwell lived at that time.

Tough e continued to hold socialist view, during the war years,Orwell became disillusioned with Soviet communism with Stalin. It inspired his satirical fable "Animal farm", which si followed by "Niente Eighty-four" (1984).

This book described a nightmarish totalitarian world in which every aspect of the individual's life is controlled by the omnipresent eyes and ears of the state. The book is divided into three parts and the protagonist is Winston Smith.

In the first section we learn of his life and his point of view. As the novel progresses, it emerges that the war is largely an illusion by the states to keep their respective peoples in a state of subjection. The protagonist is a typical modern anti-hero, he is a powerless individual who briefly tries to rebel against the rule of society. In the world in which there is no privacy and unorthodox ideas are punishable by death, Winston knows that it is a hopeless struggle.

In a society where love is forbidden while sex encourage, the focus of the second part of the book takes the forms of an illicit love affair with Julia. Intolerant of single thought and in love with each other, they will decide to join a clandestine organization. Their attempt will fail miserably, they will be discovered and reformed.

Themes: The society Orwell describes is controlled by mass-media propaganda and reinforced by an all-powerful police state. He describes a world where people are always under control and this power is in the hands of few.

SCIENZE:

Il DNA è l'acido nucleico che si occupa dell'informazione genetica. I dati fondamentali sulla struttura tridimensionale del DNA furono scoperti grazie ai raggi X di Rosalinda Franklin, che mostrano un andamento elicoidale. Watson e crick e poi pubblicare un articolo in cui presentavano il modello a doppia elica, vincendo il Nobel per la medicina. Il DNA è costituito da due filamenti che scorrono in modo antiparallelo, in una doppia elica. Lo scheletro di filamento è costituito dalla sequenza di desossiribosio e gruppi fosfato uniti tramite legami covalenti. Le basi azotate di ogni filamento si uniscono con basi complementari del filamento posto tramite legami a idrogeno. La adenina può legarsi solo con la timina e la guanina solo con la citosina. Adenina e timina formano due legami a idrogeno, invece guanina e citosina formano tre legami idrogeno; pertanto, sono questi che danno stabilità al DNA. I 2 filamenti del DNA sono anti-paralleli:

Tempo

ITALIANO:

Tra il 1919 e il 1922 Svevo compone il suo romanzo più maturo, La coscienza di Zeno. Il testo è incentrato sull'analisi della psiche del protagonista Zeno cosini, indagata alla luce delle moderne teorie freudiane. Pubblicata nel 1923, sembra inizialmente destinato a un nuovo insuccesso, ma giudizio positivo di Joyce induce l'autore a inviare una copia a due critici francesi, i quali entusiasti dedicano al romanzo un intero numero nella rivista letteraria "Le Naivre d'Argent". Scoppia così il "caso Svevo" e lo scrittore, ormai sessantenne, conosce un'improvvisa notorietà e cerca di sfruttare la fama e pubblica numerosi testi. Svevo muore nel 1928 in seguito a un incidente stradale. Composta tra il 1919 e 1922 e pubblicata nel 1923, è suddivisa in otto capitoli e si presenta sotto forma di memoriale autobiografico redatto dal protagonista. Il romanzo si apre con una Prefazione del dottor S. che dichiara di pubblicare gli scritti del suo paziente Zeno cosini per vendicarsi del rifiuto di proseguire la cura. L'opera si chiude con un capitolo intitolato Psicoanalisi, formato da 43 frammenti di diario redatti da Zeno dopo la sua presunta guarigione. Il corpo centrale della narrazione è costituito da sei capitoli centrali in cui gli eventi passati vengono ricordati e analizzati dal protagonista secondo un ordine non cronologico ma tematico storia di una nevrosi. La Coscienza di Zeno non è la storia della vita del protagonista, bensì la ricostruzione delle diverse tappe e delle modalità di manifestazione della sua nevrosi. Al centro della vicenda si pone un «inetto» che però, a differenza di Alfonso ed Emilio (protagonisti di Una vita e Senilità), ha successo sia in ambito familiare sia professionale e osserva la realtà borghese con distaccata e critica ironia. Sul piano tematico, il motivo centrale del romanzo è costituito dalla contrapposizione tra «salute» e «malattia», reinterpretata alla luce delle teorie psicanalitiche di Freud. Zeno intraprende la terapia con il dottor S., che individua nel suo disturbo un irrisolto complesso, il rapporto di odio-amore con il padre. Questa interpretazione viene però nel finale respinta e derisa da Zeno, che giunge alla paradossale consapevolezza che «la vita stessa è malattia» e coloro che appaiono «sani» sono in realtà profondamente «malati» Il romanzo si propone quindi come l'autoanalisi da parte di Zeno del suo inconscio e ricerca di un chiarimento su sé stesso e sulla realtà che lo circonda. I risultati di questo tentativo sono in apparenza fallimentari poiché lo induce a mascherare le proprie pulsioni attraverso una serie infinita di alibi e di autoinganni. Zeno mescola più o meno consapevolmente verità e menzogne, coscienza e inconsapevolezza. In quest'ottica, risulta fondamentale per Svevo la ripresa delle teorie psicanalitiche e la scoperta della dimensione inconscia della psiche. La modernità del romanzo consiste in questa ricerca di un senso univoco da attribuire alla realtà e a sé stessi. La modernità tematica si ha nell'uso di tecniche narrative innovative, che fanno del romanzo un'opera volutamente priva di una possibilità di interpretazione univoca. La narrazione non è più affidata a una voce esterna, ma si svolge in prima persona. Il protagonista e io narrante è, per sua stessa ammissione, un nevrotico, portato a vedere la realtà distolta attraverso autoinganni. Zeno è quindi un narratore poco credibile, sul quale il lettore non può fare affidamento po' una corretia interpretazione. Egli narra la storia della sua malattia basandosi sui propri ricordi e mescolando piani temporali diversi. Al tempo lineare delle convenzioni narrative si sostituisce una continua alternanza di livelli temporali: quello delle vicende ricordate e quello del presente. Infine, proprio a causa della sfasatura temporale tra passato e presente, l'io narrante (Zeno ormai anziano) corrisponde solo in parte all'io narrato (Zeno giovane), poiché il soggetto si modifica nel tempo in conseguenza delle esperienze della vita. Il costante ricorso all'ironia rende ambigue le affermazioni del narratore. L'opera è aperta e il lettore è chiamato in causa per collaborare alla ricostruzione della verità.

Dalle opere di Svevo è evidente una posizione di marginalità rispetto ai grandi centri culturali italiani, ma allo stesso tempo gli permette di comprender in anticipo le novità.
Grazie alla conoscenza del tedesco, Svevo si costruisce una cultura ampia e varia provenienti da pensieri contraddittori (teorie marxiste, pensiero irrazionalista, teorie freudiane).
Svevo è interessato soprattutto alla soggettività dell'individuo e alle complessità della psiche.
All'idea tradizionale dell'uomo come soggetto dotato di personalità propria, egli contrappone l'analisi dei contrasti interiori, diviso tra aspirazioni coscienti e desideri incoscienti.
Questa visione riprende spunti derivanti da diverse filosofie:
- Da Schopenhauer Nei primi romanzi La volontà del singolo non è libera ma è il riflesso di una Volontà superiore e irrazionale, che influenza l'agire dei singoli.
- Da Nietzsche Svevo riprendere gli spunti polemici verso la società borghese, la teoria della pluralità dell'io e contrasta la teoria del superuomo.
- Da Freud Svevo giunge alla scoperta dell'inconscio, attraverso i quali l'individuo inconsciamente maschera e giustifica le pulsioni profonde. Soprattutto nella Coscienza di Zeno arriva alla conclusione che la nevrosi non è una condizione del tutto negativa in quanto consente un'osservazione privilegiata della realtà.

Svevo osserva il contesto sociale e la crisi dell'individuo nella società moderna. Questa sua riflessione lo conduce a una corrosiva polemica contro il facile ottimismo della borghesia.

Della teoria evoluzionistica di Darwin riprende l'idea che il comportamento dei singoli sia il prodotto di leggi naturali non modificabili, prima fra tutte la "lotta per la vita". La conclusione è che la realtà dei rapporti umani è dominata da una spietata selezione naturale, che contrappone i forti e intraprendenti ai deboli inadatti alla vita Del pensiero di Karl Marx, Svevo riprende i conflitti di classe e ne condivide soprattutto la condanna della società industriale, che conduce gli individui all'alienazione mentre respinge le prospettive strettamente politiche

Al centro dei romanzi di Svevo c'è la figura dell'Inetto", un antieroe debole e incapace di agire ma, al tempo stesso, capace di comprendere a fondo la complessità reale.

Nei primi due romanzi il protagonista va incontro a un totale fallimento mentre né la Coscienza di Zeno matura una più piena consapevolezza del proprio stato e si fa portavoce di una acuta critica della perfetta sanità del mondo borghese. Svevo identifica l'inetto con l'intellettuale moderno, escluso da una società tesa al profitto ma capace di analizzare con spirito critico le mancanze e i difetti. Il rapporto tra salute e malattia si rovescia, se nei primi due romanzi di Svevo, deboli e nevrotici risultano perdenti, nella Coscienza di Zeno l'inetto non appare più come l'unico malato, ma come colui che, grazie a una grande sensibilità, comprende le contraddizioni della vita e smaschera il conformismo di una società basata su certezze illusorie. Nei protagonisti dei romanzi di Svevo è possibile riconoscere le esperienze e le vicende che riportano al vissuto reale dell'autore. Questo stretto con rapporto tra arte e vita si pone in termini del tutto antitetici rispetto alle prose estetizzanti di autori come D'Annunzio, che proprio in questi anni otteneva maggiori successi. Lontano da ogni atteggiamento superomistico, Svevo concepisce la letteratura come strumento per salvaguardare l'esistenza dall'oblio e per tentare di capirne il senso attraverso un'analisi accurata. La sua scrittura appare così l'unico strumento capace di rendere soggetto pienamente consapevole della propria esistenza. Gli autori che più influenzano la produzione di Svevo sono i realisti francesi (Balzac, Stendhal e Flaubert) a cui si unisce Zola dei naturalisti.

Svevo è anche interessato all'analisi della psicologia dei personaggi e in questo senso ha un apporto fondamentale dei romanzieri russi in particolare Dostoevskij L'atteggiamento ironico deriva dagli scrittori inglesi come Swift e Sterne, mentre Joyce lo influenza sul piano delle scelte stilistiche, soprattutto l'adozione del monologo interiore. Soprattutto nella Coscienza di Zeno si ha un profondo rinnovamento delle strutture narrative, paragonabile a quello dei grandi autori europei del primo 900.

Il rapporto tra fabula (tempo della storia) e intreccio (tempo della narrazione) è completamente stravolto gli eventi succedono assecondando il tempo misto della memoria del protagonista e in una continua alternanza di passato e presente. La vicenda è filtrata dal punto di vista soggettivo dell'io narrante che altera i fatti e falsifica le loro motivazioni, lasciando al lettore il compito di distinguere la verità dagli autoinganni della coscienza.

Svevo ha una scarsa cura forma e una certa goffaggine espressiva, evidente nel lessico poco variato. Tuttavia, Svevo è di madrelingua tedesca e l'italiano lo apprende in misura scolastica.

É anche vero che Svevo non dedica particolare attenzione allo stile e la forma risulta secondaria.

Il linguaggio imperfetto dei suoi personaggi è frutto di una scelta consapevole e volontaria con l'intento di riprodurre il senso di inadeguatezza dell'inetto nei confronti della realtà.

LATINO:

Le opere filosofiche di Seneca furono raccolte, dopo la sua morte, sotto il titolo complessivo di Dialogi. non sono dialoghi veri e propri, bensì agili trattati destinati alla divulgazione del pensiero storico. Si tratta di dieci opere, nuove delle quali in un solo libro, è una, il De ira, in tre. Non tutte le opere di Seneca confluirono nei Dialogi. Ricordiamo il De Beneficis in sette libri, il De Clementia, dedicato a Nerone, e le 124 Epistulae morales ad Lucillium, in venti libri. Autonomamente sono giunte, anche, sempre dedicati a Lucilio, le Naturales questiones in sette libri, che trattano problemi scientifici e che furono composte nell'ultimo periodo della vita di Seneca. Seneca scrisse inoltre nuove tragedie di argomento mitico, derivate da modelli greci, ossia cothurnatae: Troiane, Medea, Edipo, Agamennone, ecc. Merita un discorso a parte l'Apokolokyntosis, l'opuscolo satirico che si rifà al genere letterario greco della cosiddetta satira menippea, composto in occasione della morte di Claudio (divinizzazione zucca). Restano altre opere non autentiche che si tramandano sotto il nome di Seneca.

Tuttavia, a noi interesseranno maggiormente i Dialogi, dove troviamo De brevitate vitae. È però necessario chiarire chi Seneca aderiva comunque alla filosofia stoica, attorno alla quale scrive tutte le sue opere, ma non solo alla quale dedica tutta la sua vita. Nel trattato "sulla brevità della vita" dedicato al prefetto Paolino, Seneca afferma che il senso della vita non sta nella durata, ma nella qualità: nessuna vita infatti è veramente breve, se viene riempita di un significato. Perciò c'è chi ha vittima del tempo, e sono gli occupati, coloro che lo riempiono di attività futili giorno dopo giorno, mentre il sapiente è capace di dominarlo perché sa utilizzare consapevolmente giorni che il destino ha messo a sua disposizione.

FILOSOFIA:

L'annuncio fondamentale di Zarathustra è l'avvento dell'Übermensch. Nietzsche usa numerose immagini a questo proposito. L'uomo attuale, ferma, è un cavo teso tra la bestia e l'Übermensch: detto in altri termini, l'uomo attuale può evolvere verso l'Übermensch. Nietzsche attraverso il linguaggio figurato descrive il passaggio dello spirito umano, con tre metamorfosi, verso l'Übermensch. Nietzsche esprime le fasi di questa metamorfosi attraverso tre allegorie:

- Il cammello, con le sue gobbe, rappresenta l'uomo ancora oppresso dei pesi della cultura tradizionale, servo della metafisica e della religione;

- Il leone esprime la forza liberatrice della volontà che scioglie l'uomo dai vincoli della tradizione;

- Il fanciullo invece è il simbolo dell'Übermensch, l'essere rigenerato e senza vincoli, uno spirito libero e dionisiaco, ossia aperto alla vita e alle sue sfide.

Che cosa intende Nietzsche quando parla di Übermensch? Non basta dire che si tratta di un uomo nuovo, in grado di muoversi in un mondo senza valori e senza certezze e di affrontare le gioie e dolori dell'esistenza senza bisogno di teorie consolatorie. Il termine Übermensch ha una duplice traduzione "superuomo" e "oltreuomo": due traduzioni che comportano interpretazioni diverse del suo concetto in relazione alla categoria filosofica di soggetto (nazismo). Superuomo e oltreuomo sono due definizioni diverse, l'ultimo è molto più potente e va oltre la divinità a differenza del primo.

Übermensch come superuomo. Questa interpretazione è proposta dal filosofo tedesco Martin Heidegger, il superuomo indica una super-soggettività, chi non elimina la categoria del soggetto, ma anzi vi resta ancorata. Il superuomo, quindi, resta un soggetto e questo fatto garantisce un punto fermo nella deriva conseguente alla morte di Dio. L'Übermensch riesce a farsi da solo senza Dio (Heidegger, ripreso da D'Annunzio).

Übermensch come oltreuomo. Questa interpretazione è sostenuta da Gianni Vattimo, parte dalla morte di Dio, la quale delinea un superamento di ogni metafisica, compresa quella legata al soggetto come ente. Perciò, è difficile parlare di un soggetto, di un "io" in senso proprio: l'oltreuomo è un uomo consapevole del fatto che la soggettività è qualcosa di fragile, mutevole, imposta alle pulsioni dalla necessità di relazionarsi con gli altri. Un "effetto di superficie". Ma la traduzione di Vattimo dice che non si parla dell'uomo ma dalla morte di Dio, si vede l'uomo come essere fragile perché per tutta la vita a creduto a qualcosa di superiore a lui, in quel momento tira fuori le sue fragilità perché non sa più come appendersi.

Superuomo/oltreuomo= colui che riesce ad andare oltre all'annullamento di tutti i valori della società. Vive nel nichilismo.

Alla teoria dell'Übermensch si collega un altro concetto altrettanto complesse e difficile da interpretare: quello dell'**eterno ritorno**. In "La gaia scienza", un demone propone di rivivere costantemente tutta la propria vita, senza alcun cambiamento, come se la clessidra del tempo venisse ogni volta capovolta e per ricominciare da capo. Secondo Nietzsche il tempo in questo caso diventa reale, tangibile e implica il cambiamento, anche se il tempo è ciclico allora ci sarà sempre l'eterno ritorno di qualcosa, partorisce la sua ultima teoria: la <u>teoria dell'eterno ritorno</u>. Però si contraddice, quando perdiamo i valori non dobbiamo disperarci, perché quei valori tramite la teoria dell'eterno ritorno torneranno nuovamente quelli che avevamo, bisogna però ricordare l'oltreuomo che comprende la perdita dei valori e li trasforma ma non sempre ci riesce.

Urobo

A differenza di quanto è avvenuto negli annunci precedenti, ora Zarathustra si rivolge a un pubblico selezionato, coloro che navigano verso l'ignoto, ossia coloro che hanno già intrapreso la strada indicata, dopo aver abbandonato le certezze della scienza e della morale, e che sperimentano nuove "rotte".

Zarathustra racconta di come "nel pallido crepuscolo" egli intendessi salire verso una montagna altissima seguendo un aspro sentiero. L'ascesa era resa ancor più difficile a causa del peso di un nano sulla sua schiena. Il nano rappresenta lo "spirito di gravità". Esso è simile al demone di Socrate, che è cioè la voce della coscienza: la differenza sta nel fatto che, se per Socrate tale voce ha un valore positivo, per Nietzsche è un ostacolo, che, impaccia chi intende ribellarsi ai vincoli della cultura ufficiale. Alla fine, Zarathustra la vinta sul nano e sale iniziando a sentirsi più leggero, poi arriva davanti ad una "porta carraia". Quella porta segna il confine il punto di arrivo di due strade interne e infinite che vanno una indietro e l'altra avanti e che nessun uomo a percorso mai fino in fondo. Il nome della porta è "**<u>Attimo</u>**": in essa finiscono per coincidere i sentieri contrari.

Nietzsche sta proponendo un enigma riguardo il tempo: due entità che vanno in direzione contraria coincidono. Ma _queste due strade_, si chiede Zarathustra, _si contraddicono in eterno_? Il nano, che credo di aver capito, risponde che "tutto ciò che è dritto mente": ossia: se il tempo non è più una linea retta percorribile in una sola direzione, allora sarà _ricurvo_ e sarà dunque un percorso in cui _principio e fine coincidono_. **Il tempo**, conclude il nano, **<u>è un circolo.</u>**

L'eternità, alla luce della quale <u>il prima e il dopo perdono senso</u>, implica un <u>continuo ritorno degli eventi</u>: la stessa porta carraia, cioè **l'attimo**, non è un punto di svolta, ma un **momento che c'è già stato**. Nell'eterno ritorno dell'identico <u>non esistono più direzioni e scopi</u>.

Zarathustra vedi un giovane pastore soffocato da un serpente che gli ha strisciato in bocca. Zarathustra incita il fanciullo a mordere il serpente in modo da staccargli la testa. Il pastore morde e spezza il vincolo con il serpente che lo soffocava e scoppia in un riso disumano. Il pastore simboleggia il <u>superamento del nichilismo</u>, ma anche della visione limitata e distorta dell'eterno ritorno enunciata dal nano. Il pastore è colui che ha assunto la piena consapevolezza del significato dell'enigma: egli è l'illuminato, la cui sapienza lo porta talmente oltre limiti umani da interrompere ogni comunicazione con il mondo degli uomini. Il suo riso è il simbolo della lontananza abissale che separa il **rigenerato** dagli uomini che non hanno saputo varcare la soglia e accettare l'eterno ritorno. In questo senso **<u>l'eterno ritorno è il tempo dell'Übermensch</u>**. Ognuno è responsabile degli atti che compie, senza riscatto e senza redenzione.

Per comprendere meglio il racconto di Zarathustra, È utile confrontare il suo con un altro "viaggio filosofico", quello di _Parmenide_. Egli racconta di un viaggio nel quale è trasportato da un carro fino alle porte che dividono il giorno dalla notte. Superate le porte, si trova al cospetto della dea: essa gli rivela una verità comprensibile che, poiché è immutabile, può essere pronunciata solo da un Dio. Il tempo che Parmenide trova oltre la porta e quello immutabile della verità. Alla parola della dea che a Parmenide rivela una verità razionale e comunicabile, Nietzsche oppone il riso disumano del pastore che simboleggia <u>l'impossibilità di comunicare la verità</u>.

<u>STORIA:</u>

Il 28 giugno 1914 l'arciduca Francesco Ferdinando, erede al trono d'Austria, attraversava le strade di Sarajevo in automobile. Un giovane nazionalista serbo, membro del gruppo ma non era, gli sparò uccidendolo. Si chiamava Gavrilo Princip; col suo gesto innescò la scintilla che fece deflagrare la guerra. I vincoli di alleanza tra le potenze europee allargarono subito il conflitto. La prima mossa toccò all'Austria, che inviò il 23 luglio un ultimatum alla Serbia, di fatto accusandola di essere dietro l'attentato. Il governo di Vienna a quel punto notifico la dichiarazione di guerra alla Serbia (28 luglio), successivamente al non riconoscimento dell'omicidio da parte della Serbia. La Russia, alleata del paese balcanico, inizio a mobilitare le forze armate. In risposta, la Germania dichiarò guerra all'impero russo. Ciò spinse la Francia a proclamare, sua volta, la mobilitazione generale. Accelerando i tempi, la Germania dichiarò guerra alla Francia; lo stesso giorno di avere il via alle operazioni di guerra e invadendo il Belgio, paese neutrale, che aveva rifiutato il passaggio delle truppe tedesche sul suo territorio. Tali violazioni del diritto internazionale, che scosse l'opinione pubblica europea, indusse regno unito, legato alla Francia dalla triplice intesa, dichiarare a sua volta guerra la Germania (4 agosto).

L'allargamento del conflittoDigli a poche settimane, l'impero ottomano, di fronte alla minaccia di un'invasione russa, siglo un accordo con Austria e Germania; la Russia e i suoi alleati li dichiararono guerra a inizio novembre. Nei mesi successivi la guerra finì per coinvolgere quasi tutti i paesi europei, rimasero neutrali solo i paesi scandinavi, l'Olanda, il Belgio, la Spagna, la Svizzera e, nei primi 11 mesi, l'Italia; la quale in effetti non era tenuto a intervenire a fianco di Austria-Ungheria e Germania, in quanto la triplice alleanza prevedeva l'obbligo di impegno militare solo qualora una potenza alleata fosse stata attaccata, mentre in questo caso era stata l'Austria a dichiarare guerra. Va ricordato infine che, già nell'agosto del 1914, il Giappone, che mirava agli avamposti tedeschi in Cina, aveva dichiarato guerra la Germania.

Lo Stato maggiore tedesco lanciò un'offensiva attraverso il Belgio che in sei settimane avrebbe dovuto mettere fuori combattimento l'esercito francese, mentre gli austriaci avrebbero trattenuto le forze russe a est. Ma tutti i franco-inglesi a Charleroi E fermata un'offensiva francese nell'Argonne, i tedeschi avanzarono rapidamente, arrivando a soli 40 km da Parigi, che per precauzione era stata fatta evacuare. Tuttavia, nella battaglia della marna di 6-9 settembre 1914 i tedeschi furono sconfitti e costretti a ripiegare sul fiume Aisne. Nel frattempo, sul fronte orientale gli austriaci, dopo alcune vittorie, furono sconfitti a Leopoli e quindi costretti ad abbandonare la Bucovina e la Galizia orientale, due regioni di confine, prima di firmare i russi sui monti Carpazi. A nord, invece, l'inetta e vittorie tedesche a Tannenberg (agosto del 1914) e sui laghi Masuri, Dove circa 100.000 soldati russi furono fatti prigionieri, permisero alla Germania di conquistare la Prussia orientale. Nel complesso non c'era nessun vincitore ma il costo in vite umane era già altissimo: quasi mezzo milione di morti e 1 milione di feriti. Per tutto il 1915 il fronte occidentale rimase pressoché immobile. In poche settimane il conflitto si trasformò in una guerra di posizione e di logoramento, con un costante stillicidio di uomini e mezzi.

ARTE:

LA PERSISTENZA DELLA MEMORIA

La tecnica di Dalì è veramente capace, iperrealistica. C'è una scogliera e una spiaggia, probabilmente il paesaggio spagnolo. Poi si aggiungono altri dettagli, oggetti fuori posto, in particolari orologi sciolti, molli, che colano su un'immagine centrale, su un parallelepipedo rosso in basso a destra e su un ramo. Inoltre, in basso a sinistra c'è un orologio classico con alcune formiche che si aggrumano (probabilmente tema specifico anche di Dalì). Il tema è l'ineffabilità del tempo, un qualcosa impossibile da incasellare in un sogno dato che nella condizione onirica il tempo non ha più importanza. È l'opera più famosa e popolare di Dalì ed è conservata New York. Siamo di fronte a una scena ambientata sulla spiaggia che nella parte vicino a noi è ancora avvolta nella notte, mentre tutta la parte dell'orizzonte è illuminata dalle prime luci dell'alba. Sulla destra dell'orizzonte c'è una scogliera che blocca lo sguardo e il pensiero. A sinistra c'è il mare chiaro e limpido tipico dell'alba, mare che prosegue in una tela bianca. Troviamo un oggetto geometrico pesante (parallelepipedo) che è un elemento quasi sempre presente nelle sue opere. Da esso esce un albero secco e morto. C'è poi una figura antropomorfa che dorme, ed è la rappresentazione di un viso deformato, quasi sciolto. Si riconoscono solo il naso, l'occhio chiuso, un sopracciglio e la fronte con le rughe. Egli sta sognando e lo capiamo perché il fatto di avere l'occhio chiuso e la fronte rugosa è un sinonimo che fa riferimento alla fase rem (fase più profonda del sogno). Ci sono quattro orologi molli, tre di cui vediamo il quadrante (sopra la forma, sull'albero e sul parallelepipedo) e in cui riusciamo a leggere l'idea del tempo. Sono molli perché nel momento del sogno il tempo si deforma, si allunga e si restringe a seconda di quello che stiamo sognando e della profondità del sogno. Per Dalì il momento del sogno in cui produciamo delle immagini irrealistiche è un tempo ben vissuto, pieno e utile, ecco perché di questo tempo vediamo il quadrante. Il quarto orologio è morto e chiuso e non vediamo il quadrante. È ricoperto da formiche e troviamo il concetto della decomposizione che è legato a quello di spreco del tempo, di non dormire e non sognare. Il tempo della dimensione onirica, del sogno si comprime, si deforma e la memoria del sogno e delle sensazioni che si provano durante esso è legata allo stato percettivo, di come io percepisco qualcosa.

INGLESE:

James Joyce was born in Dublin in 1882, from a Catholic family. His main works are: Dubliners and Ulysses. He's considered one of the most important modern novelist and he sets most of his stories in Dublin, or more in general in Ireland. What is the interior monologue and the epiphany? especially in the latest period Joyces uses a lot of INTERIOR MONOLOGUE: uses both direct and indirect, through this technique the author disappears and we enter directly into the character's mind. Another characteristic of Joyce's works is the EPIPHANY: is a sudden revelation that some characters experience at one point of the story, is a moment where a spiritual awakening is experienced -the epiphany produces a new awareness, like if we can truly understand things and life now can be compared to Woolf's "moments of being". Joyce thought that the role of the writer was to record these epiphanies with extreme care. Now let's focus on his masterpiece, Ulysses, which is a novel made of 18 episodes and the protagonist is Leopold Bloom, Joyce tells the story of one day of him. During the day, after breakfast, he finds Dedalus, then he comes back home where he find his wife. The story is based on Homer's Odyssey, but in a more ironic way, in fact we can consider bloom as an antihero.

SCIENZE:

Il termine biotecnologia indica l'utilizzo di organismi viventi o di sostanze da loro derivate per produrre alimenti, farmaci, materiali particolari o altri beni di consumo. In termini generali, secondo questa inter-pretazione, possono essere considerate biotecnologie moltissime attività umane, iniziate in tempi molto antichi. Tra queste, le pratiche di domesticazione di piante e animali, l'uso dei microrganismi per le fermentazioni nella produzione di yogurt, formaggio, vino e birra, e molto altro. È vero, comunque, che al momento attuale con questo termine più che alle pratiche tradizionali ci si riferisce a tecniche che con-sentono di interferire su quella parte di mondo invisibile, che riguarda le cellule, gli organuli, gli apparati biochimici e le molecole talvolta molto complesse che formano i viventi. Gli enormi passi avanti compiuti nei campi della biologia molecolare, della genetica e della biochimica, rendono quello delle biotecnologie un campo di vastissime applicazioni. Si tratta di un'area d'indagine estremamente dinamica, rapida nell'evolversi, e quindi difficile da trattare. In particolare, risulta difficile essere al passo con le nuove tecniche, che continuamente vengono messe a punto. In generale, le moderne biotecnologie sono utilizza-te per tre diversi scopi:

- isolare le biomolecole come il DNA, gli enzimi o in generale le sostanze prodotte da un vivente;
- determinare la struttura e le caratteristiche chimiche e fisiche di tali molecole;
- produrre biomolecole uguali o diverse da quelle trovate in natura, per il loro utilizzo in ambito medico, nella produzione di alimenti, di materiali utili, e in generale per gli scopi più svariati. Coltivare microrganismi Nei laboratori di tutto il mondo, nell'ambito di ricerche molto diverse, le cellule vengono fatte crescere all'interno di appositi contenitori: i più utilizzati sono chiamati piastre o capsule di Petri, a forma di cilindro schiacciato, fatte di materiale plastico inerte. Al loro interno è possibile controllare minuziosamente i parametri chimico-fisici, le sostanze contenute, o le caratteristiche delle cellule per lunghi periodi di crescita. Generalmente sul fondo dei contenitori viene deposto un sottile strato di materiale gelatinoso sterilizzato, al quale vengono aggiunte tutte le sostanze che si desidera (per esempio i nutrienti necessari alla sopravvivenza delle cellule oppure i farmaci di cui si vuol valutare l'effetto). Sullo strato gelatinoso vengono deposte («piastrate») le cellule, che verranno poi mantenute nelle condizioni più adatte alla crescita (alla giusta temperatura, illuminazione, quantità di ossigeno, anidride carbonica, ecc.). Molti microrganismi possono essere facilmente coltivati: fra i più comunemente usati in genetica ci sono i batteri Escherichia coli e Bacillus subtilis, e il lievito di birra Saccaromyces cerevisiae. La coltivazione di molti microrganismi è piuttosto semplice. I microrganismi sono stati utilizzati fin da prima dell'inizio della genetica moderna, prima ancora che fosse proposto il modello del DNA nel 1953. Essi, in particolare i batteri, offrono molti vantaggi per gli studi di genetica: sono facili da coltivare, crescono molto rapidamente, e sono molto piccoli, talmente piccoli che in una colonia del diametro di un centimetro possono starcene decine di milioni. Così, è possibile che tra questi siano presenti degli individui «rari», portatori di mutazioni che compaiono occasionalmente, per esempio soltanto una volta ogni dieci milioni. Inoltre, se le condizioni di crescita sono ottimali, un batterio può riprodursi in un tempo molto breve, dell'ordine dei trenta minuti o anche meno. Questo equivale a dire che per ottenere cento milioni di cellule, a partire da una sola, sono sufficienti tredici ore e mezza

FISICA:

Considerando una macchina che percorre una strada rettilinea a velocità di 30m/s immaginiamo che ad un certo punto un passeggero lanci una palla ad una velocità di 10m/s rispetto all'automobile. Le trasformazioni di Galileo dicono che:

- Se la palla lanciata in avanti, la sua velocità nel sistema di riferimento dell'autostrada è la somma della velocità della macchina più quella della palla. 30m/s + 10m/s = 40m/s

- Se la palla è lanciata all'indietro, la sua velocità nello stesso sistema di riferimento è la differenza tra la velocità della macchina e la velocità della palla. 30m/s - 10m/s = 20m/s

In base alle equazioni di Maxwell, la regola che vale per la palla non vale per la luce. La luce emessa da un'astronave in avanti all'indietro alla stessa velocità in tutti sistemi di riferimento inerziaziale: entrambi i fasci di luce si propaga la velocità c, sia rispetto all'astronave sia, per esempio, rispetto al sole. Verso la fine del XIX secolo si pensava che le onde luminose, in analogia con quelle meccaniche, si propagassero in un particolare mezzo materiale chiamato **etere luminifero**, presente ovunque nell'universo. Ammettendo l'esistenza dell'etere, Maxwell suppone che le leggi dell'elettromagnetismo fossero valide solo nel sistema di riferimento in cui lettere è in quiete. Su questa teoria verrà fatto un esperimento da Michaelson e Morley che risulterà fallimentare, perciò questa teoria non verrà accettata. La contraddizione tra meccanica ed elettromagnetismo ha portato la fisica classica ad una crisi. Albert Einstein propose di abbandonare i vecchi schemi e rifondare la fisica su due principi:

- **Principio di relatività ristretta.** Le leggi e principi della fisica hanno la stessa forma in tutti sistemi di riferimento inerziali.

- **Principio di invarianza della velocità della luce.** La velocità della luce nel vuoto è la stessa in tutti sistemi di riferimento inerziale, indipendentemente dal modo del sistema o da quello della sorgente che emette la luce.

Per Galileo le leggi della meccanica non devono cambiare da un sistema di riferimento nel cielo all'altro. Einstein estende lo stesso principio della meccanica a tutta la fisica. Il primo principio nasce dalle convinzioni di Einstein che la natura sia regolata da leggi semplici. Infatti, la fisica è più semplice se tutte le leggi sono le stesse in ogni sistema inerziale. Il secondo principio è un caso particolare del primo: se le leggi della fisica sono le stesse in tutti i sistemi di riferimento, in ognuno di essi valgono le equazioni di Maxwell, che prevedono un unico valore per la velocità della luce nel vuoto. Siccome la luce è la stessa sia nel sistema del sole che in quello della terra, la percorrenza dei bracci dell'interferometro non dipendono da come orientato rispetto al moto relativo dei due sistemi: ecco perché la interferenza non varia.

Einstein concepirà il concetto di dilatazione dei tempi secondo cui: gli orologi in movimento rispetto annoi sono più lenti dei nostri non dipende dagli orologi, ma dal tempo: un orologio in un sistema di riferimento diverso da quello in cui è in quiete, scandisce un tempo diverso, rallentato. Questo fenomeno è reciproco. Se un astronauta passa davanti a noi muovendosi rapidamente e noi vediamo che il suo orologio va più lento per lui invece è il contrario. Se così non fosse, il principio di relatività ristretta sarebbe contraddetto. Tuttavia, la dilatazione relativistica dei tempi di Einstein non vale solo per gli orologi, ma per tutti i fenomeni naturali. Immaginiamo un astronauta che all'età di vent'anni viaggia verso una stella, invece, il suo gemello rimane sulla terra. L'astronauta impiega 10 anni per raggiungere la stella e quando si rincontrano di nuovo, Bruno a trent'anni e Carlo ne ha 52.

ITLIANO:

Montale non approda mai ad un totale nichilismo. Oltre l'insensatezza dell'esistenza, resiste una fiducia residua nella possibilità di cogliere il vero senso della realtà e di attingere l'autentico senso della vita. Secondo il pensiero in cui l'uomo è prigioniero del tempo e della catena degli eventi, la poesia di Montale si nutre della speranza di individuare un evento quasi miracoloso che permetta di andare oltre l'apparenza fenomenica per cogliere una verità definitiva e assoluta. Il desiderio di salvaguardare un margine di libertà per l'uomo induce Montale alla continua ricerca del "varco", dell'anello che non tiene, della maglia rotta nella rete che ci stringe che riveli, in una sorta di Epifania, l'ultimo segreto della vita, il senso è lo scopo dell'esistenza. In questa tensione, Montale influenzato dalla filosofia di Bergson e, soprattutto, dalla corrente antipositivista del contingentismo francese di Emile Boutroux, che nella sua opera "della contingenza delle leggi della natura", respinge l'idea di matrice positivistica che il mondo sia regolato da rigidi nessi di causa effetto e si apre all'influsso liberatorio del caso. La ricerca del varco si pone tuttavia nell'opera di Montale come una speranza sempre frustrata: l'evento solidifico viene solo sfiorato e subito sfugge, rendendo ancora più cocente la sconfitta e più amaro pessimismo. Eppure, ogni volta la fiducia rinasce, pur nella consapevolezza dell'inevitabile delusione. Eugenio Montale, uno dei più importanti poeti italiani del XX secolo, può essere collegato al tema dell'infinito in diversi modi. Montale è noto per la sua poetica che esplora profondamente la condizione umana, l'isolamento, l'angoscia e la transitorietà dell'esistenza. Questi temi possono essere collegati alla nozione dell'infinito in quanto Montale spesso suggerisce che l'esperienza umana è limitata e fugace di fronte all'immensità dell'universo e alla vastità del tempo. Uno dei modi principali in cui Montale esprime il senso dell'infinito è attraverso la sua riflessione sulla natura. Nelle sue poesie, Montale spesso descrive paesaggi naturali, come il mare, il cielo, le montagne e gli alberi, e utilizza questi elementi per evocare un senso di infinità e trascendenza. Ad esempio, nel suo celebre componimento "Meriggiare pallido e assorto", Montale descrive il mare come un elemento che si estende all'infinito, suscitando sentimenti di contemplazione e riflessione sulla grandezza dell'universo. Inoltre, l'uso del tempo nella poesia di Montale è spesso associato all'infinito. Il poeta esplora il concetto di tempo come una dimensione in cui il passato, il presente e il futuro si fondono, creando un senso di eternità. Nei suoi versi, Montale riflette sulle connessioni tra il tempo e la memoria, suggerendo che l'infinito può essere intravisto attraverso la persistenza dei ricordi e l'eco del passato nel presente. Infine, la lingua stessa diventa uno strumento per esprimere l'infinito nella poesia di Montale. Il poeta sperimenta con le parole, i suoni e le immagini, creando una sorta di linguaggio enigmatico e ricco di significati sfumati. Questa complessità linguistica apre la porta a un'infinita gamma di interpretazioni e possibilità di significato, suggerendo che la poesia può avvicinarsi all'infinito proprio attraverso la sua stessa natura enigmatica e multiforme. La sua poesia evoca un senso di trascendenza di fronte all'immensità dell'universo e suggerisce che l'esperienza umana è solo una piccola parte di un cosmo infinito e misterioso.

LATINO:

Di Seneca filosofo resta il giudizio di Quintiliano: in filosofia non fu molto accurato, ma fu eccelso nella condanna dei vizi. La grandezza del pensiero di Seneca sta nella sua dottrina morale e che egli non fu un pensatore sistematico.

La filosofia per Seneca non era un esercizio del pensiero, ma parte della vita. Un modo di essere, non solo di ragionare. Seneca voleva "servire gli uomini" e non chiudersi nell'otium contemplativo, in effetti, la filosofia che adottò fu lo stoicismo, gli consentiva tutte e due le cose: di ricercare la sapienza e di essere un uomo d'azione. Gli storici si sentivano al servizio della società e dell'umanità in generale, essi assumevano il compito di rendere questa società migliore più giusta, contribuendo così anche il miglioramento di se stessi e degli uomini attorno a loro.

Il potere imperiale guardava con sospetto gli intellettuali. Proprio per questo Seneca dovette misurarsi con il dispotismo la crudeltà di imperatori come Caligola e Nerone. Il Senato e l'Imperatore furono perennemente in conflitto, perché l'imperatore aveva sottratto ai senatori il controllo dello Stato, e naturalmente anche gli enormi privilegi che ne derivavano. Dunque, Seneca, scelse la filosofia stoica come compagno di strada e proprio per questo potere non rinunciare all'azione, ma anzi giustificarla e nobilitarla. Gli scrittori filosofici di Seneca sono densi di problemi che toccano l'esistenza umana, il progresso dell'anima, la posizione dell'intellettuale nella società e nell'organizzazione del mondo.

Il fine della filosofia stoica, e più in generale della filosofia antica, e la saggezza: il filosofo è, appunto colui che ha imparato di essere "saggio". Per le filosofie ellenistiche il saggio è colui che non si lascia turbare dalle circostanze, ma si mantiene saldo è fermo nell'anima. Per Seneca il sapiente storico deve essere soprattutto un vir bonus, come tanti se ne videro nella storia romana, da Scipione a Catone Uticense. E nella prassi, non è nella teoria, che secondo Seneca si consegue la saggezza: conversando con uomini buoni e imitando l'azione, educando la propria anima alla moderazione e alla forza davanti ai casi della vita. In questo modo un uomo raggiunge la serenità d'animo, e attraverso di essa la sapienza, acquistando consapevolezza di valori come l'amicizia, il dovere, il senso del tempo e della propria posizione nel mondo.

Un principio fondamentale della dottrina storica è il concetto di natura, considerata un insieme vivente. Tutto l'universo è animato, costruito con esattezza, progettato da una mente divina e diretto da una forza razionale, la ragione, da cui tutto dipende. La ragione dirige ogni parte del mondo, come l'anima umana, grazie ai suoi sensi, percepisce ogni punto del suo corpo, anche quelli più lontani.

La saggezza consiste nel mobilitare la ragione, fino a fare in modo che il comportamento razionale diventi istintivo

Tutto è in evoluzione in cambiamento, anche l'universo, che nasce, si sviluppa, esplode in una grande fiammata per riformarsi. Quanto conta l'uomo in tutto questo? Tutto e niente. Il tempo è uno dei temi principali del pensiero di Seneca, specialmente nelle opere dell'ultimo periodo, come le epistole indirizzate a Lucilio. Il tempo è l'unico vero bene del quale l'uomo disponga e non deve dunque venir sprecato in attività inutili, bensì, piuttosto investito per il miglioramento di sé. Importa che ogni istante sia speso utilmente: ciò che conta è la sua qualità, che dipende dalla scelta etica dell'uomo.

FILOSOFIA:

L'annuncio fondamentale di Zarathustra è l'avvento dell'Übermensch. Nietzsche usa numerose immagini a questo proposito. L'uomo attuale, ferma, è un cavo teso tra la bestia e l'Übermensch: detto in altri termini, l'uomo attuale può evolvere verso l'Übermensch. Nietzsche attraverso il linguaggio figurato descrive il passaggio dello spirito umano, con tre metamorfosi, verso l'Übermensch. Nietzsche esprime le fasi di questa metamorfosi attraverso tre allegorie:

- Il cammello, con le sue gobbe, rappresenta l'uomo ancora oppresso dei pesi della cultura tradizionale, servo della metafisica e della religione;

- Il leone esprime la forza liberatrice della volontà che scioglie l'uomo dai vincoli della tradizione;

- Il fanciullo invece è il simbolo dell'Übermensch, l'essere rigenerato e senza vincoli, uno spirito libero e dionisiaco, ossia aperto alla vita e alle sue sfide.

Che cosa intende Nietzsche quando parla di Übermensch? Non basta dire che si tratta di un uomo nuovo, in grado di muoversi in un mondo senza valori e senza certezze e di affrontare le gioie e dolori dell'esistenza senza bisogno di teorie consolatorie. Il termine Übermensch ha una duplice traduzione "superuomo" e "oltreuomo": due traduzioni che comportano interpretazioni diverse del suo concetto in relazione alla categoria filosofica di soggetto (nazismo). Superuomo e oltreuomo sono due definizioni diverse, l'ultimo è molto più potente e va oltre la divinità a differenza del primo.

Übermensch come superuomo. Questa interpretazione è proposta dal filosofo tedesco Martin Heidegger, il superuomo indica una super-soggettività, chi non elimina la categoria del soggetto, ma anzi vi resta ancorata. Il superuomo, quindi, resta un soggetto e questo fatto garantisce un punto fermo nella deriva conseguente alla morte di Dio. L'Übermensch riesce a farsi da solo senza Dio (Heidegger, ripreso da D'Annunzio).

Übermensch come oltreuomo. Questa interpretazione è sostenuta da Gianni Vattimo, parte dalla morte di Dio, la quale delinea un superamento di ogni metafisica, compresa quella legata al soggetto come ente. Perciò, è difficile parlare di un soggetto, di un "io" in senso proprio: l'oltreuomo è un uomo consapevole del fatto che la soggettività è qualcosa di fragile, mutevole, imposta alle pulsioni dalla necessità di relazionarsi con gli altri. Un "effetto di superficie". Ma la traduzione di Vattimo dice che non si parla dell'uomo ma dalla morte di Dio, si vede l'uomo come essere fragile perché per tutta la vita a creduto a qualcosa di superiore a lui, in quel momento tira fuori le sue fragilità perché non sa più come appendersi.

Superuomo/oltreuomo= colui che riesce ad andare oltre all'annullamento di tutti i valori della società. Vive nel nichilismo.

Alla teoria dell'Übermensch si collega un altro concetto altrettanto complesse e difficile da interpretare: quello dell'**eterno ritorno**. In "La gaia scienza", un demone propone di rivivere costantemente tutta la propria vita, senza alcun cambiamento, come se la clessidra del tempo venisse ogni volta capovolta e per ricominciare da capo. Secondo Nietzsche il tempo in questo caso diventa reale, tangibile e implica il cambiamento, anche se il tempo è ciclico allora ci sarà sempre l'eterno ritorno di qualcosa, partorisce la sua ultima teoria: la teoria dell'eterno ritorno. Però si contraddice, quando perdiamo i valori non dobbiamo disperarci, perché quei valori tramite la teoria dell'eterno ritorno torneranno nuovamente quelli che avevamo, bisogna però ricordare l'oltreuomo che comprende la perdita dei valori e li trasforma ma non sempre ci riesce.

A differenza di quanto è avvenuto negli annunci precedenti, ora Zarathustra si rivolge a un pubblico selezionato, coloro che navigano verso l'ignoto, ossia coloro che hanno già intrapreso la str Urobo dopo aver abbandonato le certezze della scienza e della morale, e che sperimentano nuove "rotte".

Zarathustra racconta di come "nel pallido crepuscolo" egli intendessi salire verso una montagna altissima seguendo un aspro sentiero. L'ascesa era resa ancor più difficile a causa del peso di un nano sulla sua schiena. Il nano rappresenta lo "spirito di gravità". Esso è simile al demone di Socrate, che è cioè la voce della coscienza: la differenza sta nel fatto che, se per Socrate tale voce ha un valore positivo, per Nietzsche è un ostacolo, che, impaccia chi intende ribellarsi ai vincoli della cultura ufficiale. Alla fine, Zarathustra la vinta sul nano e sale iniziando a sentirsi più leggero, poi arriva davanti ad una "porta carraia". Quella porta segna il confine il punto di arrivo di due strade interne e infinite che vanno una indietro e l'altra avanti e che nessun uomo a percorso mai fino in fondo. Il nome della porta è "**Attimo**": in essa finiscono per coincidere i sentieri contrari.

Nietzsche sta proponendo un enigma riguardo il tempo: due entità che vanno in direzione contraria coincidono. Ma *queste due strade*, si chiede Zarathustra, *si contraddicono in eterno*? Il nano, che credo di aver capito, risponde che "tutto ciò che è dritto mente": ossia, se il tempo non è più una linea retta percorribile in una sola direzione, allora sarà *ricurvo* e sarà dunque un percorso in cui *principio e fine coincidono*. **Il tempo**, conclude il nano, **è un circolo.**

L'eternità, alla luce della quale il prima e il dopo perdono senso, implica un continuo ritorno degli eventi: la stessa porta carraia, cioè **l'attimo**, non è un punto di svolta, ma un **momento che c'è già stato**. Nell'eterno ritorno dell'identico non esistono più direzioni e scopi.

Zarathustra vedi un giovane pastore soffocato da un serpente che gli ha strisciato in bocca. Zarathustra incita il fanciullo a mordere il serpente in modo da staccargli la testa. Il pastore morde e spezza il vincolo con il serpente che lo soffocava e scoppia in un riso disumano. Il pastore simboleggia il superamento del nichilismo, ma anche della visione limitata e distorta dell'eterno ritorno enunciata dal nano. Il pastore è colui che ha assunto la piena consapevolezza del significato dell'enigma: egli è l'illuminato, la cui sapienza lo porta talmente oltre limiti umani da interrompere ogni comunicazione con il mondo degli uomini. Il suo riso è il simbolo della lontananza abissale che separa il **rigenerato** dagli uomini che non hanno saputo varcare la soglia e accettare l'eterno ritorno. In questo senso **l'eterno ritorno è il tempo dell'Übermensch**. Ognuno è responsabile degli atti che compie, senza riscatto e senza redenzione.

Per comprendere meglio il racconto di Zarathustra, È utile confrontare il suo con un altro "viaggio filosofico", quello di *Parmenide*. Egli racconta di un viaggio nel quale è trasportato da un carro fino alle porte che dividono il giorno dalla notte. Superate le porte, si trova al cospetto della dea: essa gli rivela una verità comprensibile che, poiché è immutabile, può essere pronunciata solo da un Dio. Il tempo che Parmenide trova oltre la porta e quello immutabile della verità. Alla parola della dea che a Parmenide rivela una verità razionale e comunicabile, Nietzsche oppone il riso disumano del pastore che simboleggia l'impossibilità di comunicare la verità.

STORIA:

Spesso la storia è considerata ciclica perché i conflitti, cambiamenti politici e sociali, si ripetono nel tempo. Nonostante dei periodi di pace e stabilità sorgono nuovi conflitti. Come, ad esempio, la Belle Epoque che ha preceduto la prima guerra mondiale, che successivamente, dopo solo vent'anni, vedrà una seconda guerra di carattere mondiale.

La Prima Guerra Mondiale è anche conosciuta come "Grande Guerra". I motivi per cui questo è accaduto sono quasi tutti drammatici, e tutti contribuiscono a rendere questa guerra uno spartiacque epocale. Eccone alcuni:

- sono coinvolti Stati e territori di gran parte del mondo
- grazie alla tecnologia, gli eserciti sono diventati più letali: i morti causati dalla Prima Guerra Mondiale saranno più di 10 milioni
- la Prima Guerra Mondiale segnerà la fine di ben quattro grandi imperi: russo, asburgico, tedesco, turco.
- gli Stati Uniti si affermeranno nel ruolo di superpotenza mondiale al posto della Gran Bretagna
- la Prima Guerra Mondiale determina l'avvento definitivo della moderna società di massa

Nessuno all'epoca si rendeva conto di che genere di cambiamenti radicali sarebbero scaturiti da questa guerra, anche dopo che era scoppiata. Oggi, a circa un secolo di distanza, è lecito farsi una domanda: la Grande Guerra si poteva in qualche modo evitare?

Il 28 giugno del 1914 Francesco Ferdinando, erede al trono di Austria-Ungheria, viene assassinato insieme a sua moglie a Sarajevo, dove si trovava in visita ufficiale. L'attentatore, Gavrilo Princip, è uno studente appartenente ad un gruppo irredentista bosniaco. Per il governo austro-ungarico, la responsabilità è in gran parte della Serbia, un giovane stato in rapida crescita, nonché un punto di riferimento per il nazionalismo slavo (e dunque anti-austriaco) nei Balcani. Con l'appoggio tedesco, il 23 luglio l'Austria impone un provocatorio ultimatum alla Serbia, chiedendo che l'inchiesta sull'attentato sia condotta da rappresentanti austriaci. In nome della propria sovranità nazionale, la Serbia rifiuta, peraltro abbastanza cordialmente. Il dado è ormai tratto: il 28 luglio l'Austria-Ungheria dichiara guerra alla Serbia. È l'inizio della Prima Guerra Mondiale.

C'erano stati altri conflitti nei Balcani, ma stavolta la presenza dell'Austria attiverà una complicata serie di alleanze su scala globale:

- La Russia mobilità immediatamente le proprie truppe in sostegno alla Serbia per due ragioni: la comune fede ortodossa, l'interesse ad avere un ruolo guida nei Balcani
- La Germania, alleata dell'Austria, chiede alla Russia di ritirarsi e alla Francia di rimanere neutrale: entrambe le potenze rifiutano. La Germania dichiara guerra ad entrambe all'inizio di agosto. Il 4 invade il Belgio, che si rifiutava di far passare i soldati tedeschi
- La Gran Bretagna scende in campo in appoggio a Francia e Belgio
- L'Italia, formalmente alleata di Austria e Germania, si dichiara per il momento neutrale
- Il Giappone dichiara guerra alla Germania il 23 agosto, perché una minacciosa flotta tedesca si trovava in estremo oriente
- A novembre, l'Impero Ottomano dichiara guerra alla Russia

Sarebbero in seguito intervenuti innumerevoli altri paesi, tra cui l'Italia, gli Stati Uniti, la Romania e la Grecia sul fronte Russo-Francese, la Bulgaria sul fronte Tedesco-Austriaco. Ma la Prima Guerra Mondiale coinvolge anche, tra gli altri, l'America Latina, la Cina, il Medio Oriente ed il Portogallo.

Non sappiamo davvero se la Grande Guerra poteva essere evitata. Sicuramente, gli atteggiamenti oltranzisti delle grandi potenze lasciavano poco spazio a soluzioni diplomatiche, perseguite per un po' soltanto dalla Gran Bretagna. Gli Stati europei basavano le proprie strategie sulla guerra offensiva, ed ogni Stato perseguiva obiettivi propri, che spesso non coincidevano affatto con quelli degli altri. Ogni paese soffriva inoltre di problemi interni a cui il nazionalismo e le politiche di potenza sembravano offrire una soluzione. Ma se tutti sapevano che tutto questo avrebbe portato ad una guerra, nessuno poteva sapere in che modo la Prima Guerra Mondiale sarebbe stata radicalmente (e tragicamente) innovativa.

Il piano tedesco di offensiva del Belgio prevedeva una campagna veloce ed efficace, ma si infrange contro le difese anglo-francesi sulla Marna, un fiume a sud-est di Parigi, nel settembre del 1914. Presto i due schieramenti si ritrovano impelagati in un'infinita linea di trincee e reticolati. Gli sviluppi sono analoghi sul fronte orientale per i Russi e per gli Inglesi: già alla fine dell'anno la Prima Guerra Mondiale è una guerra di posizione.

Nel 1915 la Triplice Alleanza riporta importanti successi nei Balcani, ma sul fronte Francese, nel febbraio del 1916, i tedeschi vengono bloccati a Verdun, e poco dopo le forze anglo-francesi riportano una vittoria sulla Somme. L'Italia era entrata in guerra nel 1915 a fianco dell'Intesa, tenendo occupati gli Austriaci sull'Isonzo, fino alla sconfitta di Caporetto nell'ottobre del '17, contenuta poi sul Piave. Nell'estate del 1918 i tedeschi tentano il tutto per tutto ancora una volta sulla Marna, e ancora una volta vengono fermati: da quel momento l'Intesa partirà al contrattacco, che si intensifica ad Amiens.

Tutte queste battaglie avevano qualcosa in comune:
- le forze in campo erano spesso equivalenti: questo rendeva molto difficile una vittoria sul campo
- i fronti rimanevano statici: veniva conquistato poco terreno
- la strategia si basava quasi sempre sull'attacco frontale, risultando in bagni di sangue ben poco produttivi

Ma la Prima Guerra Mondiale è anche teatro di altre innovazioni, spesso tragiche. Una di queste è il genocidio: dopo gli insuccessi bellici, il governo turco individua nella minoranza armena un capro espiatorio ideale, deportandone e massacrandone a centinaia di migliaia. Un'altra innovazione è il gas asfissiante, utilizzato per la prima volta dai tedeschi nel 1915. Il potenziale industriale dei paesi europei, cresciuto a dismisura, viene utilizzato per la produzione di milioni di fucili, centinaia di migliaia di cannoni e mitragliatrici, miliardi di cartucce. I soldati e gli approvvigionamenti vengono trasportati sulle ferrovie, come già era avvenuto durante la guerra civile americana. Questa mobilitazione richiede sforzi immani da un punto di vista sociale, economico ed umano. Da questo punto di vista è determinante il blocco navale a cui la Gran Bretagna sottopone i tedeschi: non potendo più ricevere approvvigionamenti dall'estero, un'intera nazione è presto alla fame.

I tedeschi, proprio nel momento in cui l'Impero russo era al collasso, reagiscono con l'utilizzo di sottomarini, provocando l'ingresso in guerra degli Stati Uniti, che sarà determinante nella vittoria dell'Intesa. Austria e Germania, ormai stremate, tentano una serie di offensive, ma il 4 ottobre del 1918 sono costrette a chiedere un armistizio. Si chiude un'epoca anche da un punto di vista strettamente militare: l'ingresso in guerra del carro armato, durante la battaglia di Amiens nell'agosto del 1918, aveva segnato la fine della guerra di posizione. Le armi potevano guastarsi, e le munizioni potevano finire: fabbricanti di armi, acciaierie, aziende chimiche, industrie automobilistiche si mobilitano per soddisfare l'intensa domanda di strumenti di morte. La Prima Guerra Mondiale è dunque, in un certo senso uno stimolo per l'industrializzazione, specie in paesi che erano rimasti indietro, come l'Italia. Per controllare al meglio la produzione, gli Stati sono costretti ad intervenire sistematicamente nelle proprie economie, attraverso uffici per la pianificazione della produzione bellica, finanziamenti pubblici, e comitati governativi. In Italia, ad esempio, la Fiat, che dal 1912 aveva introdotto la catena di montaggio, inizia a produrre mitragliatrici ed esplosivi. L'economia, irreggimentata dalla guerra, subisce il peso delle requisizioni di mezzi di trasporto e dei razionamenti di cibo. Nei paesi in prevalenza agricoli, come l'Italia e la Russia, milioni di contadini vengono chiamati alle armi, aggravando ulteriormente la scarsità di derrate alimentari.

Questa intensificazione del rapporto tra Stati ed economie provoca un'enorme dilatazione della burocrazia, mentre il ruolo dei parlamenti passa in secondo piano rispetto a quello dei governi e degli eserciti. Siccome la Prima Guerra Mondiale è molto costosa, poi, gli Stati aumentano le tasse, provocando un calo dei consumi, un innalzamento dei prezzi e la svalutazione del denaro: i paesi dell'Intesa sono costretti ad indebitarsi, in particolare con gli Stati Uniti.

Se da una parte gli stati irreggimentano le popolazioni sempre di più, dall'altra parte non possono rinunciare al loro consenso. Durante la Prima Guerra Mondiale nascono gli uffici di propaganda, la stampa viene rigidamente controllata e censurata. Si cerca di tenere alto il morale delle truppe attraverso spettacoli dietro le linee, mentre volantini e manifesti invadono le città. Le libertà individuali sono fortemente condizionate, lo stato sta invadendo sempre di più la vita privata dei cittadini, ma al contempo si verificano progressi nel campo dell'assistenza sociale: crescono le pensioni e le provvidenze per invalidi, vedove, orfani e ammalati.

Ma uno degli aspetti forse più importanti introdotti dalla Prima Guerra Mondiale è un generale inserimento della manodopera femminile nella produzione, dato che la popolazione maschile era impegnata sul fronte. Questo è un primo riconoscimento di metà della popolazione mondiale, che inizia ad uscire da un secolare stato di inferiorità. Ancora prima della fine della Grande Guerra, in Inghilterra, le donne con più di 30 anni acquisiscono il diritto di voto.

La Prima Guerra Mondiale viene inizialmente accolta con entusiasmo, in particolare dai ceti medi, dagli intellettuali, dagli artisti: da decenni in Europa c'erano stati conflitti brevi e localizzati, mentre le masse si andavano nazionalizzando, assorbendo a scuola e in caserma non soltanto i valori nazionali, ma anche una retorica patriottica sostanzialmente ostile agli altri popoli. Russi, Inglesi, Francesi, Italiani: ognuno aveva il proprio nemico.

Lo stesso movimento socialista in molti paesi si dichiara a favore della guerra, con l'eccezione dei paesi inizialmente neutrali, come l'Italia. Nel mondo Cattolico, all'aperta condanna della Prima Guerra Mondiale da parte di papa Benedetto XV fanno fronte gli atteggiamenti favorevoli alle armi di molti esponenti delle gerarchie ecclesiastiche. In tutta Europa, comunque, gli oppositori vengono isolati dalle propagande governative e bollati come 'disfattisti': soltanto verso la fine inizierà a prevalere un sentimento critico diffuso nei confronti della guerra, ma c'erano voluti anni prima che gli Europei imparassero a conoscere fino in fondo i suoi orrori. Per quanto riguarda l'Italia, abbiamo visto che il regno si mantiene all'inizio neutrale. Ma già da subito il dibattito sull'entrata nella Prima Guerra Mondiale era stato intenso:
- Per i vecchi liberali, come Giolitti ed il primo ministro Salandra, restare neutrali era un'opportunità

- Per i democratici, come Salvemini e Bissolati, l'interventismo era legato a sentimenti risorgimentali anti-austriaci
- L'Associazione nazionalista italiana, fondata nel 1910, portava questi sentimenti all'estremo
- Tra i socialisti andava per la maggiore il neutralismo: Benito Mussolini, inizialmente contrario alla Prima Guerra Mondiale, cambierà idea e verrà espulso dal partito a novembre
- I cattolici, ufficialmente contrari, si adeguano tuttavia all'obbedienza patriottica
- Le masse popolari, ed in particolare i contadini, non volevano l'ingresso dell'Italia nella Grande Guerra

L'Italia entra nella Prima Guerra Mondiale il 24 maggio del 1915, contro la maggioranza del parlamento. Gli obiettivi non sono soltanto Trento e Trieste, ma anche un allargamento dei propri confini nazionali verso i Balcani ed il Mediterraneo e l'ottenimento di un maggiore prestigio internazionale. I momenti di crisi saranno molti, ed il governo sarà costretto a numerosi rimpasti.

La gestione dell'esercito da parte del generale Luigi Cadorna, basata su una disciplina ferrea, mette in secondo piano le esigenze e le vite dei soldati. E tuttavia non viene messa seriamente in discussione prima dell'ottobre del 1917, quando le linee italiane vengono sfondate a Caporetto, al prezzo di un arretramento del fronte e della perdita del Friuli: in questa occasione, gli alti quadri dell'esercito tentano di scaricare la responsabilità sul 'disfattismo' dei soldati. Sarà Armando Diaz a sostituire Cadorna fino alla vittoria finale, il 24 ottobre a Vittorio Veneto.

Per mantenere un minimo di consenso interno si tenta di attenuare la durezza della vita al fronte, si intensificano l'assistenza e la propaganda, e si arriva a promettere la terra ai contadini, ma l'estraneità popolare alla Prima Guerra Mondiale continua a crescere. Anche perché, nel frattempo, l'inflazione è salita alle stelle: l'Italia uscirà dalla guerra con un debito estero altissimo, in una situazione non troppo diversa da quella dei paesi sconfitti.

Già prima di entrare nella Prima Guerra Mondiale, il potere zarista in Russia si basava su fondamenta fragili: la società era arretrata, lo sviluppo industriale limitato ad alcune zone isolate, e le basi del potere erano radicate su un sistema di potere semifeudale. Tutte queste contraddizioni vengono messe a nudo sin dall'inizio, con le prime sconfitte del 1914: l'esercito era impreparato, l'equipaggiamento insufficiente. Nel corso della Grande Guerra, la Russia sacrificherà un numero altissimo di soldati, in gran parte contadini: la produzione agricola diminuisce di circa un terzo. I primi scioperi iniziano nel 1915.

Nel marzo del 1917 a Pietrogrado, l'attuale San Pietroburgo, alcune agitazioni sfociano in uno sciopero generale. Gli insorti formano un consiglio (soviet) di soldati ed operai, mentre lo zar è costretto ad abdicare. Nei mesi successivi, il parlamento legittimo (duma) forma un governo provvisorio, tentando di portare avanti un discorso democratico e favorevole alla continuazione della Prima Guerra Mondiale, ma a prevalere è il radicalismo delle masse, che riconosce esclusivamente il potere dei soviet. Alle periferie dell'impero, i soldati smettono di obbedire agli ordini e i contadini sono in rivolte, mentre i soviet, dominati dai menscevichi appoggiano per un po' il governo provvisorio.

A questo punto emerge la figura di Lenin, leader dei bolscevichi, secondo cui era necessario opporsi alla Prima Guerra Mondiale e al governo provvisorio, incarnando in pieno le aspettative di operai, soldati e contadini. A luglio c'è una sollevazione armata, seguita da una violenta repressione dei bolscevichi. Lenin è costretto all'esilio in Finlandia, mentre altri leader, come Trockij, vengono arrestati. C'è un tentativo di colpo di stato controrivoluzionario, sventato anche con l'aiuto dei bolscevichi, che a questo punto prendono il controllo di Pietrogrado e delle campagne: per Lenin i tempi sono maturi per una rivoluzione armata. Il 25 ottobre del '17, che in realtà secondo il nostro calendario è il 7 novembre, Pietrogrado si solleva nuovamente, viene proclamata la Repubblica Sovietica, viene decretata la fine della guerra e l'assegnazione delle terre ai contadini. Il nuovo governo dovrà sottostare a pesanti condizioni di pace imposte dalla Germania.

Il presidente Woodrow Wilson, che aveva vinto le elezioni del 1916, si apprestava ad iniziare il suo secondo mandato sulla base di una promessa che non poteva mantenere: la neutralità degli Stati Uniti nei confronti della Prima Guerra Mondiale. A cambiare le cose è l'aggressiva guerra sottomarina dei tedeschi, che mette a repentaglio gli interessi americani, violando il diritto internazionale. Nel 1917, dopo che l'autocrazia zarista è collassata e che gli Stati Uniti sono scesi in campo, la guerra combattuta dall'Intesa assume i connotati di una guerra democratica.

Nel gennaio del 1918 Wilson espone al mondo un programma di pace e di ordine globale, espresso in 14 punti, tra cui spiccano i seguenti:
- ridurre gli armamenti
- rispettare le minoranze
- rendere il commercio libero
- conferire ai popoli il diritto all'autodeterminazione
- formare una Società delle Nazioni in grado di risolvere pacificamente i conflitti internazionali

Nel frattempo però Austria e Germania avevano stipulato un trattato separato con la Russia, e questo le rendeva molto meno accomodanti: per una soluzione pacifica bisognava ancora aspettare che gli Imperi centrali arrivassero al limite estremo delle proprie forze.
- Bulgaria e Turchia cedono per prime verso la fine del 1918

- L'Austria si arrende il 3 novembre, dopo che la scissione da parte di Ungheria, paesi Balcanici e Cecoslovacchia segnano la fine dell'impero
- In Germania, il Kaiser aveva chiesto un armistizio ad ottobre, ma una serie di moti rivoluzionari dal Nord fino a Berlino lo costringono ad abdicare ancora prima di firmare la pace l'11 novembre

Finisce così l'11 novembre del 1918 la Prima Guerra Mondiale, una guerra che sembrava dovesse durare per sempre. L'Europa ne usciva devastata. Ma quel che è peggio è che erano state poste le basi per una serie di nuovi conflitti. Conflitti che sarebbero sfociati, pochi decenni dopo, in una nuova guerra mondiale. L'11 novembre 1918 la Germania, vicino Compiègne (città della Francia nord orientale), firma l'umiliante armistizio che pone fine al conflitto mondiale. Un anno dopo, il 28 giugno 1919, le potenze vincitrici si incontrano a Parigi e nel corso della conferenza di pace per decidere le sorti delle nazioni al termine della guerra, firmano il patto di Versailles. La Germania, insieme ad Austria e Ungheria, non partecipano alla conferenza e sotto minaccia di riprendere il conflitto si limitano a firmare. Il trattato oltre alla restituzione e alla perdita di territori da parte della Germania, prevede anche il pagamento di un debito nei confronti dell'Intesa che ammonta a 132 miliardi di franchi. La Germania inizia a pagare il debito ma viene interrotto con l'arrivo di Hitler. Con la fine della Seconda guerra mondiale il pagamento riprende e nel 1952 il governo ha rimborsato 1.5 miliardi di franchi. Il pagamento viene interrotto nuovamente in attesa dell'unificazione tedesca (3 ottobre 1990). Da quel momento la Germania ha ripreso a pagare. Il debito è stato saldato il 3 ottobre 2010.

ARTE:

La grandezza di Friedrich fu apprezzata solo dopo la sua scomparsa, quando i temi da lui prediletti iniziarono a far pienamente parte del gusto romantico e per il sublime. La sua indole solitaria e malinconica, l'aveva sempre tenuto lontano dai clamori degli ambienti artistici, per cui anche dal vivo le sue opere erano rimasti praticamente sconosciute. Disegnatore di grande carattere, Friedrich studiò dal vero la vegetazione, rocce paesaggi che, opportunamente riprese combinati tra loro, andranno poi a costituire la base stessa dei suoi dipinti, in un suggestivo e misterioso alternarsi di inspirazione fantastiche di notazioni realistiche.

Viandante sul mare di nebbia: Le grandi tematiche romantiche della natura e del sublime trovano uno dei loro punti più alti di espressione nel *Viandante sul mare di nebbia*, un olio su tela che Friedrich realizza Dresda fra il 1817 e il 1818. Rappresenta un uomo di spalle che, in piedi sopra uno spuntone roccioso, guarda solitario lo straordinario spettacolo di un paesaggio alpino all'alba, con le cime dei monti che iniziano a emergere fra la nebbia. Si compone di un primo piano in violento controluce che si staglia contro un luminosissimo sfondo montuoso, esteso giro d'orizzonte. La sensazione che l'artista vuole trasmettere quella dell'infinita grandezza della natura, al cui cospetto l'uomo altro non è che un temporaneo "viandante", come il titolo stesso ricordo. La contrapposizione delle luci, come il termine svaporarsi degli azzurri fra il cielo e le vette scoscese dei monti lontani, contribuisce a quel senso di stupore ammirato e di grandiosità sospesa che meglio esprime la poetica del sublime. Ricordava romanticamente lo stesso Friedrich: "l'unica vera fonte dell'arte il nostro cuore, un linguaggio puro come la mente di un bambino. Un'opera che non scaturisca da questa origine non può essere che artificiosa".

INGLESE:

seguendo la medesima linea, potrei parlare del romanticismo in letterature, o meglio in quella inglese. The poetry of romanticism signalled a profound change in sensibility. Intellectually, it signalled the violent reaction to the spirit of enlightenment and was influenced by the revolutions in America and France. Emotionally, it tended to express an extreme assertion of individual subjective experience, but an individual who was depersonalised, fluid and open to the larger movements of nature and of the world.

Was a cultural trend originating in Germany in the 1770s, by the strum and drung. The poetry of Romanticism signalled a profound change in sensibility which was occurring in Britain and Europe at the time. Lyrical ballads and a Few other poems is a collection of poems first published in 1798 by Wordsworth and Coleridge. they are a mix of poetic productions, marking a break with neo-classical and classic verse, dealing with different typically romantic themes. the ballads are the most important volume of verses in English since the Renaissance and the second edition in 1800 also included the Preface, a theoretical introduction written by Wordsworth. in the Preface, the poet states that the poetic process inevitably starts from a sensory experience. While in contact with the natural world, the poet, who is extremely sensitive, can feel certain emotions that he later recollects in tranquillity and writes down in lines.

William Wordsworth and Samuel Taylor Coleridge wrote and published much of their work around the time of the French Revolution, and they are considered the first Romantic poets. The Preface to the second edition of their Lyrical Ballads indicates the principal ideas and themes which distinguished the Romantics from their classicist predecessors and can be considered a poetic manifesto for the Romantic movement as a whole. A characteristic of both poets is a belief in 'natural order' and a search for harmony and reconciliation between the natural and the human sphere.

SCIENZE:

Cellule di derivazione animale (quindi anche di uomo) possono essere fatte crescere in coltura, anche se con metodi più complessi rispetto ai precedenti. Se per esempio si vogliono coltivare cellule che derivano da un particolare tessuto umano, per prima cosa bisogna isolarle da un frammento del tessuto di interesse. Per far questo, si utilizzano enzimi e sostanze chimiche che degradano la matrice extracellulare e porta-no alla separazione delle cellule. Le cellule così preparate vengono inserite all'interno di capsule di Petri, di solito direttamente sulla superficie solida opportunamente trattata e rivestita con sostanze diverse a seconda del tessuto che si vuole coltivare. Spesso sono necessarie proteine, come il collagene (che in pratica rendono questo ambiente artificiale più simile a quello di provenienza) e sostanze particolari chiamate fattori di crescita, senza le quali le cellule iniziano rapidamente a morire. I fattori di crescita sono aggiunti a un «terreno di coltura liquido», ovvero una soluzione acquosa contenente sali, sostanze nutritive, e in generale tutto quanto ser-ve alla sopravvivenza delle cellule. Le capsule vengono incubate alla giusta temperatura, esposte alla giusta quantità di ossigeno e CO e mantenute in ambiente sterile. In molti casi le cellule sono trasferite dalle piastre iniziali per produrre un gran numero di piastre secondarie ed essere coltivate per settimane o mesi. Sistemi in vitro Con le colture cellulari si ottengono dei tipi cellulari omogenei, all'interno di microambienti dei quali è possibile controllare quasi tutte le caratteristiche. Questi microambienti vengono chiamati sistemi in vitro. È possibile condurre un'enorme varietà di esperimenti in vitro, diversi da quelli svolti sull'intero animale, definiti esperimenti in vivo. In certi casi, è stato possibile ottenere linee cellulari «immortalizzate», come le famose cellule Chela. Nel 1951, negli Stati Uniti, venne prelevato un campione di tessuto tumorale da una paziente di nome Henrietta Lacks, che successivamente morì a causa del male. Il campione venne posto in coltura, e si ottennero così delle cellule che ancora oggi sopravvivono e continuano a moltiplicarsi. Il nome dato a questa linea cellulare deriva dalle iniziali della paziente a cui venne fatto il prelievo. Numerosi studi, in laboratori di tutto il mondo, fanno uso di queste cellule, per ricerche di biologia cellulare e molecolare, o per te-stare farmaci, solo per fare alcuni esempi. La maggior parte dei tipi cellulari sono programmate per non crescere in modo indefinito, e così anche in vitro smettono di riprodursi dopo un certo numero di divisioni cellulari. Non è un caso che la prima linea di cellule immortali derivi da un tessuto tumorale: in questo tipo di malattie vengono di solito rimossi i meccanismi che controllano la crescita e il ciclo cellulare in generale. "Immortali zare le cellule" significa ottenere cellule umane che si riproduco-no indefinitamente in coltura, rimuovendo i normali meccanismi di controllo del ciclo cellulare. In pratica, si ottengono cellule che si riproducono in modo continuo, e che assomigliano in maniera più o meno marcata a quelle che in vivo causerebbero un tumore. L'moralizzazione delle cellule non è semplice: essa necessita di cambiamenti a livello genetico. Per ottenere queste mutazioni si possono utilizzare sostanze chimiche mutagene oppure (con maggiore efficacia) dei virus modificati. Questi strumenti sono utilizzati per alterare alcuni particolari geni, coinvolti nella regolazione del ci-col cellulare. In altri casi, per indurre le cellule a sopravvivere indefinitamente si agisce riattivando dei geni divenuti inattivi, come quello che codifica la telomerasi, un enzima che «allunga» la vita delle cellule. Per alcuni tessuti, è più facile ottenere colture cellulari: si tratta di quei tessuti nei quali, nell'adulto, le cellule sono a rapido ricambio (turnover), come per esse-pio la pelle o la cartilagine. La nostra pelle viene cambiata completamente in circa quattro settimane. Essa, in condizioni normali, essendo esposta all'ambiente esterno, viene sollecitata in molti modi diversi (abrasioni, bruciature, lesioni di vario tipo). Per rispondere a questi traumi, la pelle possiede un'elevata capacità rigenerativa, che permette di riparare i danni e formare cicatrici che spesso, successivamente, scompaiono del tutto. Questa capacità è dovuta alla presenza di cellule staminali, ovvero cellule che sono dotate una duplice caratteristica: sono infatti in grado di trasformarsi in diversi tipi cellulari specializzati (poterci) ma anche di auto rinnovarsi (self-renala) per garantire la presenza costante di una "riserva" di cellule staminali nel tessuto in cui risiedono. Alcune linee cellulari sono state ottenute da cellule staminali embrionali umane. Tali cellule furono isolate per la prima volta sul finire degli anni '90 a partire da embrioni umani sovrannumerari, prodotti per la fecondazione assistita. Le colture di cellule staminali embrionali sono state ottenute a partire da stadi molto precoci (pochi giorni di sviluppo dopo la fecondazione). Le cellule staminali embrionali possono riprodursi indefinitamente e differenziarsi in qualsiasi tessuto dell'adulto. Per questo, esse potrebbero essere utilizzate per curare delle malattie attualmente incurabili. Il loro impiego avviene prevalentemente nell'ambito della medicina rigenerativa, cioè laddove si debba sostituire un tessuto danneggiato a causa di una malattia (come nella sclerosi multipla, nei danni traumatici al sistema nervoso, in vari tipi di tumore, ecc.). Le cellule staminali embrionali, mediante appropriati protocolli di differenziamento, sono indotte a produrre in vitro le cellule del tessuto malato; queste vengono poi trapiantate in vivo nell'organo danneggiato. Oggi esistono già sperimentazioni cliniche di questo tipo, per esempio con cellule retiniche. Siccome questi tipi cellulari sono ottenuti a partire da embrioni umani, che vengono distrutti nel procedimento, il loro utilizzo pone dei problemi etici: l'embrione da cui si parte contiene in sé la potenzialità di dar vita a un essere umano, per questo molte persone ritengono che l'utilizzo di queste cellule equivalga a distruggere una vita. Attualmente è possibile ottenere cellule staminali an-che a partire da cellule differenziate, "riprogrammandole", oppure isolare cellule staminali da vari tessuti dell'adulto. Queste sono utilizzate in protocolli di terapia cellulare (ad esempio per ricostruire la super-ficaie corneale) e di terapia genica (ad esempio per correggere malattie genetiche del sangue o della pelle (lezione 1) del capitolo successivo). Le cellule staminali embrionali possono dare origine a qualsiasi tipo di tessuto, e per questa caratteristica vengono dette pluripotenti. Quelle che derivano dai tessuti differenziati, invece, possiedono capacità più limitate, possono dare origine solo a certi tipi di tessuto, e vengono definite multipotenti o onnipotenti.

FISICA:

È detto corpo nero un oggetto che assorbe completamente le radiazioni elettromagnetiche che lo colpiscono, qualunque sia la loro lunghezza d'onda.

- Analizzare l'emissione di un corpo nero. Se un corpo nero comunica con l'ambiente tra-mite un foro, una piccola frazione delle radia-zioni elettromagnetiche emesse dalle sue pareti interne esce attraverso il foro e può essere analizzata con uno spettrometro.
- L'andamento delle distribuzioni spettrali. Le curve tracciate sotto sono ottenute per via sperimentale. La seconda dal basso, per esempio, mostra che alla temperatura di 830 K il corpo nero non emette luce

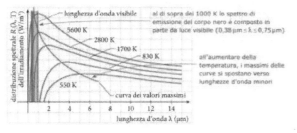

visibile. Dalla stessa curva notiamo che l'emissione è massima a una lunghezza d'onda di circa 3,5 µm.

lo studio del corpo nero condotto sulla base delle equazioni di Maxwell e delle leggi della meccanica classica fornisce distribuzioni spettrali teoriche crescono all'infinito al tendere a zero della lunghezza d'onda.

Oltre a essere in disaccordo con gli esperimenti, questo risultato è incompatibile con la conservazione dell'energia. Per piccole lunghezze d'onda, infatti, la curva che descrive la distribuzione teorica sottende un'area infinita: poiché l'area totale sottesa dalla curva è la potenza per unità di superficie irradiata dal corpo nero su tutto l'insieme delle lunghezze d'onda, ciò significa che l'emissione di potenza prevista in teoria sarebbe infinita. lunghezza d'onda λ (µm) I fisici di fine Ottocento furono sconcertati da questa evidente violazione del principio di conservazione dell'energia, tanto da chiamarla catastrofe ultravioletta: «ultravioletta» perché svelava l'incapacità delle teorie classiche di rappresentare la realtà fisica del corpo nero al diminuire della lunghezza d'onda, cioè all'addentrarsi nella regione spettrale dell'ultravioletto.

MATEMATICA:

Una forma indeterminata del tipo infinito su infinito (∞/∞) si verifica quando dopo aver sostituito nel limiti la x abbiamo un rapporto tra due infiniti. Per risolvere tale di tipo di forma di indecisione utilizziamo principalmente la scala degli infiniti. Si verifica una forma indeterminata del tipo infinito su infinito quando, dopo aver sostituito alla x il valore per cui tende, troviamo un rapporto tra infiniti.

schema generale per la forma **infinito fratto infinito** (∞/∞).

Per rappresentare in generale una forma di indecisione del tipo infinito su infinito (∞/∞) possiamo usare la seguente scrittura:

$$\frac{a \cdot \infty^{\alpha}}{b \cdot \infty^{\beta}}$$

Dove:

α, β = posizioni sulla scala degli infiniti a, b = coefficienti degli infiniti $con\ a, b > 0$

Se l'**infinito alfa**, ovvero quello che si trova al numeratore, **è più forte** sulla scala degli infiniti rispetto all'infinito beta (denominatore) allora il risultato è **infinito**.

Questo si verifica dal momento che il **denominatore è una quantità trascurabile** rispetto al numeratore.

In altre parole è come se il denominatore fosse un **semplice numero** mentre il numeratore un infinito.

$$se\ \infty^{\alpha} > \infty^{\beta}: \quad \frac{a \cdot \infty^{\alpha}}{b \cdot \infty^{\beta}} = \frac{\infty}{n} = \infty$$

Possiamo anche scrivere:

$$se\ \alpha > \beta: \quad \frac{a \cdot \infty^{\alpha}}{b \cdot \infty^{\beta}} = \frac{\infty}{n} = \infty$$

Badate bene che α e β non rappresentano gli esponenti, bensì la **posizione** sulla scala degli infiniti.

Tale scala, ricordiamolo, copre anche i casi di funzioni esponenziali e logaritmiche.

Nella situazione in cui è l'**infinito beta** (denominatore) **a prevalere sul infinito alfa**(numeratore) il risultato tende a **zero**.

Ciò si verifica poiché questa volta è il **numeratore** ad essere **trascurabile** (numero) rispetto al denominatore (infinito).

$$se\ \alpha < \beta: \quad \frac{a \cdot \infty^{\alpha}}{b \cdot \infty^{\beta}} = \frac{n}{\infty} = 0$$

Quando i due infiniti maggiori che si trovano al numeratore e al denominatore si trovano sulla **stessa posizione** nella scala degli infiniti ($\alpha = \beta$), allora resta il **rapporto tra i coefficienti** a e b.

$$se\ \alpha = \beta = k: \quad \frac{a \cdot \infty^{\alpha}}{b \cdot \infty^{\beta}} = \frac{a \cdot \infty^{k}}{b \cdot \infty^{k}} = \frac{a}{b}$$

Ricapitolando possiamo fare il seguente schema:

$$\frac{a \cdot \infty^{\alpha}}{b \cdot \infty^{\beta}} = \begin{cases} \infty\ se\ \alpha > \beta \\ 0\ se\ \alpha < \beta \\ \frac{a}{b}\ se\ \alpha = \beta \end{cases}$$

. Lo studio delle **forme indeterminate** già affrontato nel modulo relativo ai limiti, può essere semplificato utilizzando le derivate nella **regola de l'Hopital** che stabilisce una condizione sufficiente per l'esistenza del

limite del rapporto $\frac{f(x)}{g(x)}$ quando x tende ad x_0 e le funzioni sono uguali a zero.

Enunciamo adesso il teorema noto come **Teorema de L'Hopital**

Siano $f(x)$ e $g(x)$ due funzioni continue in $[a, b]$ e derivabili nell'intervallo aperto $]a, b[$ escluso x_0 e sia $g'(x) \neq 0\ \forall\ x \in]a, b[$.

Se esiste finito il limite

$$\lim_{x \to x_0} \frac{f'(x)}{g'(x)}$$

allora esiste il limite

$$\lim_{x \to x_0} \frac{f(x)}{g(x)}$$

e si ha:

$$\lim_{x \to x_0} \frac{f(x)}{g(x)} = \lim_{x \to x_0} \frac{f'(x)}{g'(x)}$$

Vale un teorema simile anche per la forma indeterminata $\frac{\infty}{\infty}$

Aggiungiamo che tenendo conto delle stesse ipotesi introdotte per il teorema precedente abbiamo che:

se

$$\lim_{x \to x_0} \frac{f'(x)}{g'(x)} = +\infty \, (-\infty)$$

allora

$$\lim_{x \to x_0} \frac{f(x)}{g(x)} = +\infty \, (-\infty)$$

Risulta chiaro dai due risultati sopra introdotti, che la **regola de l'Hopital** può essere di aiuto nel calcolo di vari limiti di quozienti di funzioni reali che portano a **forme indeterminate** del tipo $\frac{0}{0}$ oppure $\frac{\infty}{\infty}$.

LIMITE E CONFINE

ITALIANO:

D'Annunzio visse la sua vita in base alle regole della bellezza e dell'eccesso, E ciò caratterizzerà anche la prima fase della sua poetica perché sarà influenzato dalla corrente dell'estetismo, successivamente approderà a quella del superomismo, all'interno della quale riprenderà il concetto di superuomo di Nietzsche rielaborandolo, nell'ultima fase invece porrà insieme la seconda fase con la natura raggiungendo il periodo del panismo.

Negli anni 80 D'Annunzio conosce, attraverso la musica di Richard Wagner, il pensiero di Frederic Nietzsche. Ri interpretando con grande libertà e non senza banalizzazioni le teorie del filosofo tedesco, egli fa propria la teoria del "superuomo", inteso come individuo di superiore sensibilità, chiamato a opporsi alle convenzioni borghesi per realizzare appieno il proprio desiderio di dominio sulla realtà. Questo individuo eccezionale, dotato di un'energia creatrice che lo pone al di là delle regole morali, si identifica nel pensiero dannunziano con l'artista, legittimato a imporre la propria volontà di potenza sul mondo, anche attraverso l'azione concreta; volontà di potenza che, tuttavia, viene sistematicamente trainata da figure femminili sensuali e torbide, che smascherano l'intrinseca debolezza dei protagonisti, votati in genere al fallimento esistenziale, come avviene per esempio "il trionfo della morte". Rispetto alla scelta dell'esteta, che si appartava dalle masse per sottolineare la propria superiorità, il superuomo si pone alla guida del popolo, trasformandosi in "poeta vate" e assumendo atteggiamenti ideologicamente aggressivi e antidemocratici. La ripresa delle teorie nietzschiane trova espressione soprattutto nel romanzo "Le vergini delle rocce". Una nuova incarnazione del superuomo è costituita anche da Stelio Effrena, protagonista del "fuoco" ed ennesimo alterego dell'autore, mosso dall'aspirazione a realizzare, sul modello di Wagner, un'opera d'arte totale di superiore bellezza. Sul piano strutturale, questi due romanzi sono accomunati da un impianto simbolico e fortemente intimistico, in cui l'analisi della psicologia dei personaggi prende il sopravvento sull'esili vicende della trama. Al tempo stesso, D'Annunzio alterna alla luce dell'ideologia superomistica e di un esasperato protagonismo si comprendono in parte anche le scelte politiche di D'Annunzio, decisamente ostili al "grigio diluvio democratico" e favorevoli a prese di posizione spettacolari e autoritari, che vanno dall'acceso interventismo prebellico all'ambiguo favore accordato al regime fascista. In realtà, livello profondo, anche nella politica D'Annunzio non cerca altro che è un'affermazione personale, una sorta di palcoscenico ideale dal quale guidare la nazione verso mete aggressive, che interpretavano le pulsioni nazionalistiche del suo tempo. In questo modo, inoltre, sottolineando la propria funzione di poeta vate, reagisce anche, più o meno consapevolmente, e la perdita di importanza dell'intellettuale all'interno della società moderna, riaffermando in modi imperiosi la missione del poeta come guida civile e morale della collettività.

Ai nostri occhi di lettori moderni, i testi dannunziani più significativi sono quelli in cui – come Alcyone – il superuomo cerca la propria affermazione non è nella storia contingente ma nel contatto profondo con la natura. La sensualità tipica della poesia dannunziana diviene infatti spesso aspirazione alla fusione totale dell'io con il cosmo, ebrezza dell'immersione totale nella natura, secondo il principio del panismo (pan, Dio greco della natura e dei boschi). Questo sentimento naturalistico e paganeggiante, di chiara matrice decadente, si accompagna spesso al modello di un'esistenza libera e gioiosa, a contatto con la natura e le fonti stesse della poesia, in una dimensione antitetica rispetto alla moderna società industriale. Strumento privilegiato per la totale fusione dell'io con la natura e per il raggiungimento della bellezza e, per D'Annunzio, la parola poetica, sfruttata in tutte le sue potenzialità espressive ed evocative. La ricerca di un linguaggio elitario e iperletterario rifugge dai termini banali e consueti e sembra avvolgere la pagina di un'aura suggestiva e musicale, attraverso scelte lessicali inconsuete e spesso arcaicizzanti. Fondamentale e poi, secondo la lezione di Paul Verlaine, la musicalità del verso, ottenuta attraverso il frequente rifiuto di schemi metri precostituiti e l'approdo al verso libero, ricco di risonanze foniche interne. Soprattutto nella poesia, inoltre, le immagini si succedono in modo libero, legate solo da una sottile trama di analogie, con frequenti sinestesie di ascendenza baudelairiana.

Da un originale commissione fra superomismo i simboli con la natura nasce così il frutto migliore della lirica dannunziana, ossia l'ambizioso progetto delle **Laudi**. In particolare, i primi tre libri, *Maia*, *Elettra* e *Alcyone*, costituiscono un insieme unitario. *Maia* È un lungo poema unitario in versi liberi, la Laus vitae, in cui si rievocano le tappe di un ideale viaggio che è il suo centro nella Grecia antica e poi si risolse in un inno di lode alla vita nella sua sensualità dionisiaca. Più evidente in *Elettra* e l'ideologia nazionalistica e celebrativa: la raccolta riunisce infatti componimenti celebrativi di eroi del passato, cui seguono le liriche della "città del silenzio", in cui si evoca lo splendore malinconico di alcune città della provincia italiana. Vertice della poesia delle Ludi è *Alcyone*, una sorta di diario poetico suddiviso in sezioni. Nelle liriche di Alcyone la poesia dannunziana si esprime senza sovrastrutture retoriche, risolvendosi nelle tematiche della fusione con la natura, nella rivisitazione dei miti classici e nella musicalità di una parola poetica che asseconda il fluire di immagini di grande sensualità e suggestione evocativa.

LATINO:

Tacito è considerato tra i più grandi storici della letteratura latina, che oltre a scrivere opere storiche di cui ricordiamo le Historiae e gli Annales, scrive un encomio nei confronti del suocero Giulio agricola, comandante militare distintosi per la conquista della Britannia, di cui era stato anche il governatore. Successivamente sarà richiamato a Roma da Domiziano, e morirà in circostanze sospette. All'interno di quest'opera agricola viene messo nella miglior luce possibile, inoltre, il racconto comprende un excursus di carattere geografico ed etnografico sui popoli che la abitano. Tacito lodava indirettamente se stesso e la propria famiglia, un'operazione non casuale. Infatti, viene scritta nel 98, momento in cui cambiato regime alla figura di Domiziano sono succeduti Nerva e Traiano. Per non generare sospetti di collaborazione con il vecchio regime serviva riportare alla memoria agricola e presentarlo come una vittima del crudele imperatore passato. Il protagonista viene raffigurato come rappresentante dell'antica virtus romana non contaminata dalla corruzione della capitale: un vir bonus che ha saputo affrontare le vicende della vita con coraggio e nobiltà. L'idea di Tacito è che chi intende servire lo Stato, anche sotto un governo ingiusto, deve compiere dovere usando prudenza e moderazione, mentre ribellione aperta oltre che essere inutile, porta rovina di chi la pratica produrre danni alla collettività. Non per questo bisogna cedere servilismo e silenzio acquiescente; Agricola incarna questo modello, seppe mantenere dignità anche i momenti duri di oppressione. Parte più notevole, dedicata strepitosa vittoria contro Caledoni, nell'83 presso mote Graupio. Questi erano molto più numerosi, ma esercito romano nel pieno della sua efficienza. Prima battaglia due comandanti arringano truppe. Tacito riferisce discorso di Calgàco, il loro comandante, del quale poi non darà più notizia; e la volta di Agricola, pronuncia discorso modello, degno di un comandante romano, esortando suoi e mostrando tranquilla fiducia vittoria. Fra i tuoi discorsi, maggiore fascino quello di Calgàco. Parole di un uomo fiero e libero, verso il quale tacito sembra orienti propria simpatia, uomo che si batte insieme popolo per libertà contro invasori. Questo discorso contiene parole possono valere a commento qualsiasi imperialismo di qualsiasi epoca: i romani devastano, depredano, sottomettono sia popoli ricchi che poveri, per smania di potere. Nessuno riesce a fermarli sono arrivati sino confini del mondo. Tacito riporta questo discorso ma rovescia la prospettiva, ponendosi dalla parte dei nemici sconfitti; in fin dei conti egli nutriva qualche rispetto per questi barbari, che difendevano la loro libertà ed erano si feroci e selvaggi, ma non ancora corrotti dalle mollezze e dall'opportunismo dilaganti a Roma.

FILOSOFIA:

Sigmund Freud, di origini ebraiche, nacque a Vienna. Si laureò in medicina, dopodiché inizio le prime esperienze nel campo medico, sperimentando anche la tecnica dell'ipnosi, tuttavia, egli capì subito che essa non era efficace e iniziò gli studi su quella che avrebbe rivoluzionato di lì a poco la psicologia ovvero la scoperta dell'inconscio. Nel corso degli anni 20 del Novecento, per l'effetto della grande guerra, e li modifico alcune tesi di fondo del suo pensiero. La psicoanalisi presenta tre aspetti fondamentali:

- È un procedimento volto all'analisi dei processi mentali inconsci;

- È una forma particolare di psicoterapia, che sviluppa il metodo delle libere associazioni e dell'interpretazione dei sogni e che presuppone lo sfruttamento del **transfert**, una particolare relazione che si instaura fra analista e paziente; porre delle continue domande in modo che il paziente riesca ad arrivare alla motivazione e la risolva da sola, ma in questo rapporto, secondo Freud, accade il transfer ovvero riconoscere il paziente nel dottore, come il caso della Spielrein, conoscere e risolvere le problematiche immedesimandomi nel paziente;

- È una teoria sul funzionamento psichico dell'individuo sia normale che non.

È giunto alla conclusione che l'ipnosi presentava effetti terapeutici poco durevoli, non era sempre facile da indurre e risultava di fatto un'imposizione coercitiva da parte del terapeuta sul paziente. Proprio questo carattere impositivo rischiava in ultimo di influenzare i pazienti, invalidando così l'intero processo terapeutico. Emblematico in questo senso fu il caso di Anna O.: per la prima volta, in dissenso con Breuer, Freud tentò nuove ipotesi di indagine, in particolare, inizio a pensare che listeria avessi una relazione con la sfera sessuale che fosse anzi da imputare a un trauma psichico di natura sessuale (ipotesi rifiutata da Breuer). Cambiando la tecnica Freud comprende che le problematiche dei suoi pazienti erano dovuti alla loro infanzia, e in particolare al loro rapporto con la sessualità; perciò, il grande problema dell'essere umano è una sessualità non risolta. Tutti coloro che in età adulta presentano una problematica mentale da piccoli hanno avuto un trauma o una sessualità repressa. Freud giunse alla conclusione che i traumi sessuali risalgono all'infanzia. Il bambino perde la sua immagine tradizionale di innocenza e incomincia ad apparire affetto da complesse pulsioni sessuali, alla cui felice risoluzione corrisponde una vita psichica normale nell'individuo adulto. A questo punto Freud modifica la prospettiva di Breuer:

- Retrodata la ricerca delle origini delle singole manifestazioni nevrotiche;

- Attribuisce alla nevrosi una natura sessuale;

- Elabora nuove strategie di indagine con interpretazione dei sogni, le libere associazioni e il transfert.

Nel sogno, secondo Freud, si manifestano sotto forma di simboli i nostri pensieri e desideri repressi dal conscio. Uno dei sogni tipi che Freud riporta nell'Interpretazione dei sogni è: quello di essere nudi di fronte agli altri, provare grande imbarazzo, ma non riuscire a muoversi per sottrarsi agli sguardi. Nel sogno colpisce l'indifferenza degli altri che guardano. Tale sogno esprime un ricordo della primissima infanzia, in cui è usuale essere nudi senza vergogna in presenza di altri, e al tempo stesso manifesterebbe nel paziente adulto un desiderio represso di esibizionismo. All'interpretazione dei sogni si associa quella degli atti maldestri, dei lapsus, delle dimenticanze, cioè di quell'insieme di comportamenti che Freud definisce psicopatologie della vita quotidiana, per citare il celebre titolo della sua opera omonima: tali comportamenti costituiscono una sorta di percorso a ostacoli nella ricerca delle ragioni profonde dei trami comportamentali di coloro che sono sottoposti ad analisi.

Tra i metodi più famosi della psicoanalisi è sicuramente quella delle libere associazioni, durante la quale al paziente viene lasciato al libero flusso dei suoi pensieri, dopodiché quando si presenterà un blocco, a causa dell'inconscio che cercherà di reprimere un trauma, lo psicoanalista dovrà porre una serie di domande per superarlo. Tuttavia, durante la terapia psicoanalitica si manifesta un particolare fenomeno, il transfert. Ovvero, quando il paziente rilascia emozione di amore e odio sullo psicoanalista, diventandone dipendente tanto da rendere difficoltosa l'interruzione della terapia. Allo stesso modo anche lo psicoanalista potrebbe immedesimarsi nel paziente, come il celebre caso della Spielrein. Un'altra tecnica è quella dell'abreazione, ha lo scopo di provocare una forte emozione tale da rievocare alla memoria del paziente il trauma subito. A fondamento del metodo psicoanalitico vi è l'idea che i traumi psichici derivino da rimozioni di pulsioni sessuali, cioè di quella che Freud definisce libido. La libido è la pulsione sessuale ingovernabile, capace di produrre stimoli e desideri in misura soverchiante per il poggetto e in modo continuo. Freud non solo la riflessione sulla nevrosi, ma anche tutta la teoria della formazione della personalità si basi sulla progressiva condizione di adattamento o rimozione delle pulsioni libidiche.

STORIA:

Hitler voleva rivendicarsi dall'umiliazione del trattato di Versailles, ma soprattutto vedeva come complici della sconfitta della Germania gli ebrei e i comunisti, inoltre nel suo progetto "Mein Kampf", voleva riunire tutte le popolazioni di lingua tedesca in una grande Germania, espandendo così anche il suo spazio vitale. Già nel gli anni precedenti era stato stipulato l'asse Roma-Berlino, aveva il sostegno di Francisco Franco in Spagna, oltre oceano c'era il Giappone che aveva firmato anch'esso il patto anti Komintern, di conseguenza sembrava che il suo piano potesse essere attuato. Bisogna, inoltre, ricordare che prima la Germania avesse stipulato il patto di non aggressione Molotov-Ribbentrop con la Russia, la quale temeva che i paesi occidentali volessero spostare l'attenzione su di lei. Il patto prevedeva la spartizione die territori della polonia in caso di vincita della Germania. La Germania attaccò la Polonia il 1°settembre del 1939, riuscendo ad entrare subito nella capitale Varsavia e fece annettere i territori occidentali, lasciando quelli orientali alla Russia. Inizialmente la guerra si stava battendo su un unico fronte, per tanto Francia ed Inghilterra diedero per scontato che non avrebbero ricevuto un attacco, o per lo meno se si fosse verificato sarebbe avvenuto sul confine come era accaduto anche nella guerra precedente, tanto è vero che le truppe francesi si disposero sulla linea Maginot senza sfruttare il momento in cui la Germania era impegnata in polonia per sferrare un attacco. Nel frattempo, però, la Germania stava architettando un piano per chiudere nel sacco sia Francia che Inghilterra, infatti, di lì a poco si infiltrarono nel bosco delle Ardenne e con la virata sulla manica limitarono i nemici sia ad est e ad ovest. La Germania dichiarò guerra alla Francia, nel frattempo la repubblica francese cadde e salì il regime di Pétain, che firmò l'armistizio con la Germania e accettò che la Francia venisse divisa in due, una parte sotto il controllo tedesco e la parte meridionale sarebbe rimasta alla Francia spostando la capitale a Vich. In Italia, Mussolini si schierò dalla parte del più forte dichiarando guerra alla Francia nel 1940 da Palazzo Venezia, tuttavia ciò non gli fece conquistare grandi territori ma solo piccoli paesi di montagna al confine con le Francia. L'Italia voleva condurre una guerra parallela con la Germania, tuttavia, tutti i suoi sforzi furono vani, sia in Africa che nei Balcani, perché l'esercito italiano non era forte e dal punto di vista tecnologico era nettamente inferiore rispetto agli altri paesi. Sul fronte inglese, inizia la battaglia con la Germania, questa fu una battaglia aerea tra la Luftwaffe e la Royal Air force, tuttavia non ne uscì nessuno sconfitto, ma la Germania aveva inflitto sicuramente gravi danni all'Inghilterra. Successivamente, la Germania decise di attaccare l'URSS tramite l'operazione Barba rossa, prendendo Stalin di sorpresa, ma successivamente l'URSS adottò la tecnica della terra bruciata, affinché con l'avanzata tedesca questi non trovassero nessuna città da annientare. Nel frattempo, nel pacifico il Giappone aveva deciso di attaccare gli Stati uniti, tramite un primo attacco alla base di Pearl Harbor. Questo giorno fu definito giorno dell'infamia, e gli Stati Uniti dichiararono guerra al Giappone. Successivamente, si svolsero altre due battaglie quella del mare die coralli, durante la quale gli americani riuscirono a fermare l'avanzata dei giapponesi nel pacifico, e poi quella di Midway, dove gli americani ebbero finalmente la meglio. In occidente, Hitler decise di sferrare un'altra offensiva sulla Russia, che si rivelò catastrofica, poiché l'esercito russo vinse, fu la prima grande sconfitta della Germania dall'inizio della guerra. Nel 1942 si tenne a Casablanca una conferenza tra Churchill, Roosevelt e Stalin per decidersi sul da farsi, si optò per attaccare l'Italia, poiché il suo governo si stava già sgretolando ed era piu debole. Nel 1943, allora, le truppe statunitensi, sbarcarono in Sicilia, avviando la liberazione. L'Italia stava crollando, Vittorio Emanuele III, fece arrestare Mussolini, che però fu scagionato dai suoi seguaci e scappò in Germania, per poi tornare di nuovo nel nord Italia e fondare la repubblica dei salò, e ricostruire il partito fascista riprendendo però gli ideali socialisti dell'inizio. Nel frattempo, la liberazione degli americani continuava nell'isola, riuscirono a liberare tutto il meridione, poi sbarcarono ad Anzio e liberarono anche il centro. Nacquero anche i movimenti partigiani di resistenza per aiutare gli americani nel progetto di liberazione e contrastare ancora le truppe tedesche in Italia. Questa fu finalmente liberata il 25 aprile del 1944. Tuttavia, la guerra non era ancora terminata, Hitler pensava di poter ancora battersi, nonostante fosse accerchiato. E fin quando le truppe russe entrarono a Berlino e sconfissero i soldati tedeschi, a quel punto Hitler si tolse la vita insieme alla sua compagna Eva Braun e nel 1945 fu firmata la resa. L'ultimo attacco verificato fu quello degli Stati Uniti sul Giappone ovvero con l'annientamento di Hiroshima e Nagasaki tramite la bomba atomica, a quel punto il Giappone firmò l'armistizio nel 1945.

ARTE:

La grandezza di Friedrich fu apprezzata solo dopo la sua scomparsa, quando i temi da lui prediletti iniziarono a far pienamente parte del gusto romantico e per il sublime. La sua indole solitaria e malinconica, l'aveva sempre tenuto lontano dai clamori degli ambienti artistici, per cui anche dal vivo le sue opere erano rimasti praticamente sconosciute. Disegnatore di grande carattere, Friedrich studiò dal vero la vegetazione, rocce paesaggi che, opportunamente riprese combinati tra loro, andranno poi a costituire la base stessa dei suoi dipinti, in un suggestivo e misterioso alternarsi di inspirazione fantastiche di notazioni realistiche.

Viandante sul mare di nebbia: Le grandi tematiche romantiche della natura e del sublime trovano uno dei loro punti più alti di espressione nel *Viandante sul mare di nebbia*, un olio su tela che Friedrich realizza Dresda fra il 1817 e il 1818. Rappresenta un uomo di spalle che, in piedi sopra uno spuntone roccioso, guarda solitario lo straordinario spettacolo di un paesaggio alpino all'alba, con le cime dei monti che iniziano a emergere fra la nebbia. Si compone di un primo piano in violento controluce che si staglia contro un luminosissimo sfondo montuoso, esteso giro d'orizzonte. La sensazione che l'artista vuole trasmettere quella dell'infinita grandezza della natura, al cui cospetto l'uomo altro non è che un temporaneo "viandante", come il titolo stesso ricordo. La contrapposizione delle luci, come il termine svaporarsi degli azzurri fra il cielo e le vette scoscese dei monti lontani, contribuisce a quel senso di stupore ammirato e di grandiosità sospesa che meglio esprime la poetica del sublime. Ricordava romanticamente lo stesso Friedrich: "l'unica vera fonte dell'arte il nostro cuore, un linguaggio puro come la mente di un bambino. Un'opera che non scaturisca da questa origine non può essere che artificiosa".

INGLESE:

The poetry of romanticism signalled a profound change in sensibility. Intellectually, it signalled the violent reaction to the spirit of enlightenment and was influenced by the revolutions in America and France. Emotionally, it tended to express an extreme assertion of individual subjective experience, but an individual who was depersonalised, fluid and open to the larger movements of nature and of the world.

Was a cultural trend originating in Germany in the 1770s, by the strum and drung. The poetry of Romanticism signalled a profound change in sensibility which was occurring in Britain and Europe at the time. Lyrical ballads and a Few other poems is a collection of poems first published in 1798 by Wordsworth and Coleridge. they are a mix of poetic productions, marking a break with neo-classical and classic verse, dealing with different typically romantic themes. the ballads are the most important volume of verses in English since the Renaissance and the second edition in 1800 also included the Preface, a theoretical introduction written by Wordsworth. in the Preface, the poet states that the poetic process inevitably starts from a sensory experience. While in contact with the natural world, the poet, who is extremely sensitive, can feel certain emotions that he later recollects in tranquillity and writes down in lines.

William Wordsworth and Samuel Taylor Coleridge wrote and published much of their work around the time of the French Revolution, and they are considered the first Romantic poets. The Preface to the second edition of their Lyrical Ballads indicates the principal ideas and themes which distinguished the Romantics from their classicist predecessors and can be considered a poetic manifesto for the Romantic movement as a whole. A characteristic of both poets is a belief in 'natural order' and a search for harmony and reconciliation between the natural and the human sphere.

SCIENZE:

Cellule di derivazione animale (quindi anche di uomo) possono essere fatte crescere in coltura, anche se con metodi più complessi rispetto ai precedenti. Se per esempio si vogliono coltivare cellule che derivano da un particolare tessuto umano, per prima cosa bisogna isolarle da un frammento del tessuto di interesse. Per far questo, si utilizzano enzimi e sostanze chimiche che degradano la matrice extracellulare e porta-no alla separazione delle cellule. Le cellule così preparate vengono inserite all'interno di capsule di Petri, di solito direttamente sulla superficie solida opportunamente trattata e rivestita con sostanze diverse a seconda del tessuto che si vuole coltivare. Spesso sono necessarie proteine, come il collagene (che in pratica rendono questo ambiente artificiale più simile a quello di provenienza) e sostanze particolari chiamate fattori di crescita, senza le quali le cellule iniziano rapidamente a morire. I fattori di crescita sono aggiunti a un «terreno di coltura liquido», ovvero una soluzione acquosa contenente sali, sostanze nutritive, e in generale tutto quanto ser-ve alla sopravvivenza delle cellule. Le capsule vengono incubate alla giusta temperatura, esposte alla giusta quantità di ossigeno e CO e mantenute in ambiente sterile. In molti casi le cellule sono trasferite dalle piastre iniziali per produrre un gran numero di piastre secondarie ed essere coltivate per settimane o mesi. Sistemi in vitro Con le colture cellulari si ottengono dei tipi cellulari omogenei, all'interno di microambienti dei quali è possibile controllare quasi tutte le caratteristiche. Questi microambienti vengono chiamati sistemi in vitro. È possibile condurre un'enorme varietà di esperimenti in vitro, diversi da quelli svolti sull'intero animale, definiti esperimenti in vivo. In certi casi, è stato possibile ottenere linee cellulari «immortalizzate», come le famose cellule Chela. Nel 1951, negli Stati Uniti, venne prelevato un campione di tessuto tumorale da una paziente di nome Henrietta Lacks, che successivamente morì a causa del male. Il campione venne posto in coltura, e si ottennero così delle cellule che ancora oggi sopravvivono e continuano a moltiplicarsi. Il nome dato a questa linea cellulare deriva dalle iniziali della paziente a cui venne fatto il prelievo. Numerosi studi, in laboratori di tutto il mondo, fanno uso di queste cellule, per ricerche di biologia cellulare e molecolare, o per te-stare farmaci, solo per fare alcuni esempi. La maggior parte dei tipi cellulari sono programmate per non crescere in modo indefinito, e così anche in vitro smettono di riprodursi dopo un certo numero di divisioni cellulari. Non è un caso che la prima linea di cellule immortali derivi da un tessuto tumorale: in questo tipo di malattie vengono di solito rimossi i meccanismi che controllano la crescita e il ciclo cellulare in generale. "Immortali zare le cellule" significa ottenere cellule umane che si riproduco-no indefinitamente in coltura, rimuovendo i normali meccanismi di controllo del ciclo cellulare. In pratica, si ottengono cellule che si riproducono in modo continuo, e che assomigliano in maniera più o meno marcata a quelle che in vivo causerebbero un tumore. L'moralizzazione delle cellule non è semplice: essa necessita di cambiamenti a livello genetico. Per ottenere queste mutazioni si possono utilizzate sostanze chimiche mutagene oppure (con maggiore efficacia) dei virus modificati. Questi strumenti sono utilizzati per alterare alcuni particolari geni, coinvolti nella regolazione del ci-col cellulare. In altri casi, per indurre le cellule a sopravvivere indefinitamente si agisce riattivando dei geni divenuti inattivi, come quello che codifica la telomerasi, un enzima che «allunga» la vita delle cellule. Per alcuni tessuti, è più facile ottenere colture cellulari: si tratta di quei tessuti nei quali, nell'adulto, le cellule sono a rapido ricambio (turnover), come per esse-pio la pelle o la cartilagine. La nostra pelle viene cambiata completamente in circa quattro settimane. Essa, in condizioni normali, essendo esposta all'ambiente esterno, viene sollecitata in molti modi diversi (abrasioni, bruciature, lesioni di vario tipo). Per rispondere a questi traumi, la pelle possiede un'elevata capacità rigenerativa, che permette di riparare i danni e formare cicatrici che spesso, successivamente, scompaiono del tutto. Questa capacità è dovuta alla presenza di cellule staminali, ovvero cellule che sono dotate una duplice caratteristica: sono infatti in grado di trasformarsi in diversi tipi cellulari specializzati (poterci) ma anche di auto rinnovarsi (self-renala) per garantire la presenza costante di una "riserva" di cellule staminali nel tessuto in cui risiedono. Alcune linee cellulari sono state ottenute da cellule staminali embrionali umane. Tali cellule furono isolate per la prima volta sul finire degli anni '90 a partire da embrioni umani sovrannumerari, prodotti per la fecondazione assistita. Le colture di cellule staminali embrionali sono state ottenute a partire da stadi molto precoci (pochi giorni di sviluppo dopo la fecondazione). Le cellule staminali embrionali possono riprodursi indefinitamente e differenziarsi in qualsiasi tessuto dell'adulto. Per questo, esse potrebbero essere utilizzate per curare delle malattie attualmente incurabili. Il loro impiego avviene prevalentemente nell'ambito della medicina rigenerativa, cioè laddove si debba sostituire un tessuto danneggiato a causa di una malattia (come nella sclerosi multipla, nei danni traumatici al sistema nervoso, in vari tipi di tumore, ecc.). Le cellule staminali embrionali, mediante appropriati protocolli di differenziamento, sono indotte a produrre in vitro le cellule del tessuto malato; queste vengono poi trapiantate in vivo nell'organo danneggiato. Oggi esistono già sperimentazioni cliniche di questo tipo, per esempio con cellule retiniche. Siccome questi tipi cellulari sono ottenuti a partire da embrioni umani, che vengono distrutti nel procedimento, il loro utilizzo pone dei problemi etici: l'embrione da cui si parte contiene in sé la potenzialità di dar vita a un essere umano, per questo molte persone ritengono che l'utilizzo di queste cellule equivalga a distruggere una vita. Attualmente è possibile ottenere cellule staminali an-che a partire da cellule differenziate, "riprogrammandole", oppure isolare cellule staminali da vari tessuti dell'adulto. Queste sono utilizzate in protocolli di terapia cellulare (ad esempio per ricostruire la super-ficaie corneale) e di terapia genica (ad esempio per correggere malattie genetiche del sangue o della pelle (lezione 1) del capitolo successivo). Le cellule staminali embrionali possono dare origine a qualsiasi tipo di tessuto, e per questa caratteristica vengono dette pluripotenti. Quelle che derivano dai tessuti differenziati, invece, possiedono capacità più limitate, possono dare origine solo a certi tipi di tessuto, e vengono definite multipotenti o onnipotenti.

FISICA:

in contrasto con le leggi della meccanica, nella teoria di Maxwell la velocità della luce nel vuoto è un invariante, una grandezza che non dipende dal sistema di riferimento in cui è misurata. Verso la fine del XIX secolo si pensava che le onde luminose, in analogia con quelle meccaniche, si propagassero in un particolare mezzo materiale chiamato **etere luminifero**, presente ovunque nell'universo. Ammettendo l'esistenza dell'etere, Maxwell suppone che le leggi dell'elettromagnetismo fossero valide solo nel sistema di riferimento in cui lettere è in quiete. Questa ipotesi viene sperimentata da Michelson e Morley, ma l'esito è negativo, perciò bisognava trovare un'altra soluzione. La contraddizione tra meccanica ed elettromagnetismo ha portato la fisica classica ad una crisi. Albert Einstein propose di abbandonare i vecchi schemi e rifondare la fisica su due principi:

- **Principio di relatività ristretta.** Le leggi e principi della fisica hanno la stessa forma in tutti sistemi di riferimento inerziali.
- **Principio di invarianza della velocità della luce**. La velocità della luce nel vuoto è la stessa in tutti sistemi di riferimento inerziale, indipendentemente dal modo del sistema o da quello della sorgente che emette la luce.

Per Galileo le leggi della meccanica non devono cambiare da un sistema di riferimento nel cielo all'altro. Einstein estende lo stesso principio della meccanica a tutta la fisica. Il primo principio nasce dalle convinzioni di Einstein che la natura sia regolata da leggi semplici. Infatti, la fisica è più semplice se tutte le leggi sono le stesse in ogni sistema inerziale. Il secondo principio è un caso particolare del primo: se le leggi della fisica sono le stesse in tutti i sistemi di riferimento, in ognuno di essi valgono le equazioni di Maxwell, che prevedono un unico valore per la velocità della luce nel vuoto. Siccome la luce è la stessa sia nel sistema del sole che in quello della terra, la percorrenza dei bracci dell'interferometro non dipendono da come orientato rispetto al moto relativo dei due sistemi: ecco perché la interferenza non varia. La simultaneità è relativa. Due eventi che risultano simultanei in un dato sistema di riferimento non lo sono in un altro sistema di riferimento, in moto rispetto al primo. Prendiamo in considerazione due orologi identici separati da una distanza D. Due orologi, reciprocamente fermi e posti a distanza D, sono sincronizzati se il secondo di essi, quando riceve il lampo di luce e messo dal primo a un istante t0, segna il valore $t = t0 + \frac{D}{c}$

Come si utilizzano gli orologi sincronizzati. Prendiamo in considerazione un osservatore (O2) su una piattaforma mobile, con un orologio collegato ad una sorgente io ho un sensore di luce. Ad un certo punto la sorgente e mette un lampo luminoso, verticalmente verso uno specchio posto distanza d. Il lampo si riflette e torna verso il basso. Quando il sensore ne rileva l'arrivo, l'orologio si ferma indica l'intervallo di tempo Δt impiegato dalla luce nel percorso di andata e ritorno, che ha lunghezza 2d. $\Delta t = \frac{2d}{c}$

Per questa misurazione il secondo osservatore ho bisogno solo di un orologio, perché nel suo sistema di riferimento i due eventi segnano l'inizio e la fine dell'intervallo di tempo, cioè l'emissione del lampo di luce e la ricezione dello stesso lampo dopo che si è riflesso, avvengono nel medesimo punto: quello in cui si trovano limitatore, il sensore e anche l'orologio. Invece, secondo l'osservatore uno bisogna disporre due orologi identici a quello dell'osservatore 2:1 posto nel punto di partenza del lampo e l'altro nel punto di arrivo. Intervallo di tempo che per il primo osservatore separa i due eventi è la differenza tra le letture dei due orologi. Secondo il primo osservatore lampo di luce percorre un triangolo rettangolo. Da qui possiamo ricavare l'intervallo di tempo nel sistema di riferimento in cui gli eventi accadono in punti distinti (O1):

$$\Delta t' = \frac{1}{\sqrt{1-\frac{v^2}{c^2}}} \, \Delta t \quad \rightarrow \underline{\text{TEMPO DILATATO}}$$

I due intervalli di tempo, misurati in due sistemi di riferimento diversi per la durata dello stesso fenomeno, sono differenti. La durata dipende dal sistema di riferimento. **La velocità della luce nel vuoto è una velocità limite che nessun corpo può superare.**

MATEMATICA:

Si dice che il n°è il limite dx della funzione f (x), per x che tende a c, e si scrive:

quando il valore è riassunto dalla funzione solo in un intorno dx.

Si definisce limite sx della funzione f (x), per x che tende a c, e si scrive:

quando la funzione assume il valore del limite solo in un intorno sx. Può capitare che il limite dx e quello sx siano diversi fra loro in tal caso la funzione si dice discontinua nel punto c.

Limiti e continuità. f (x) è continua in un punto x0 appartenente al suo D se:
Ogni funzione ottenuta mediante somme, prodotti, quozienti e composizione a partire dalle funzioni elementari e dalla funzione valore assoluto è continua in ogni punto del suo D.

Forme di indeterminazione
Forme di Indeterminazioni: sono dei limiti in cui il risultato è il seguente:
Quando ho la F. di I. ∞/∞ si raccoglie sia a Numeratore che a Denominatore la x di grado massimo.

Regole:
1. Se il grado del Numeratore è > del Denominatore il risultato sarà sempre ∞.
2. Se il grado del Numeratore è < del Denominatore il risultato sarà sempre 0.
3. Se il grado del Numeratore e del Denominatore è lo stesso il risultato del limite sarà sempre un numero.

ITALIANO:

Durante la seconda metà dell'Ottocento, il Positivismo entra in crisi a causa di importanti studi e teorie rivoluzionarie. Albert Einstein introduce la teoria della relatività, dimostrando la natura convenzionale delle scienze esatte. La psicoanalisi di Sigmund Freud cambia le concezioni in campo psichiatrico e antropologico. Frederic Nietzsche smaschera i falsi miti delle ideologie ufficiali, mentre Henri Bergson propone una concezione dinamica e vitalistica della realtà. Gli intellettuali passano da un senso di esclusione a un'attiva partecipazione e promozione del cambiamento culturale. Tendenze antidemocratiche e nazionalistiche si diffondono, ma Benedetto Croce si oppone fermamente a queste posizioni estremistiche.

L'avanguardia presenta in questo senso un evidente carattere militante, attribuendosi un ruolo forte di intervento anche ideologico e politico, oltre a proporre un profondo rinnovamento delle forme dell'arte che interagiscono strettamente tra di loro, basandosi su princìpi comuni di poetica. Da questa volontà di rottura nasce anche l'esigenza di costituirsi in gruppi, alla ricerca di una maggiore forza d'urto, che consente di svolgere un'azione più eL'idea del gruppo è invece connaturata con la nascita e la storia del Futurismo, che sorge come un vero e proprio movimento culturale e obbedisce a precise linee programmatiche, formulate in appositi manifesti. Questa strategia è motivata anche dalla necessità di chiarire le ragioni di un progetto che, per la sua natura rivoluzionaria, era destinato a provocare opposizioni e proteste. Sotto la guida del suo fondatore, Filippo Tommaso Marinetti, il Futurismo si propone di distruggere non solo le istituzioni culturali del passato, ma tutte le esperienze artistiche fino ad allora praticate, in vista di un cambiamento radicale, che riguarda i più svariati aspetti della vita culturale e sociale. L'ambizione di questa trasformazione passa anche attraverso la proposta di una contaminazione e fusione tra i diversi linguaggi espressivi adottati dalle varie forme di arte; per quanto riguarda più propriamente la letteratura, invece, il movimento si pone come obiettivo la distruzione della sintassi e l'applicazione del procedimento analogico, fino ad approdare alle «parole in libertà». Il Futurismo è all'origine della grande stagione delle avanguardie europee, e sarà seguito ben presto dal Dadaismo e dal Surrealismo. Nel Manifesto del Futurismo, Filippo Tommaso Marinetti formula il suo programma di rivolta contro la cultura del passato e tutti gli istituti del sapere tradizionale, proponendo un azzeramento su cui elevare una concezione della vita integralmente rinnovata. I valori su cui intende fondarsi la visione del mondo futurista sono quelli della velocità, del dinamismo, dello sfrenato attivismo, considerati come distintivi della moderna realtà industriale. Il culto dell'azione violenta ed esasperata respinge ogni forma esistente di organizzazione politica e sindacale, così come rifiuta il parlamentarismo, il socialismo e il femminismo, nel nome di un individualismo assoluto e gratuito, in cui non è difficile notare una nuova incarnazione del mito del superuomo. Di qui l'adesione all'ideologia nazionalista e militarista, che celebra la guerra come "sola igiene del mondo". Anche l'uomo finisce per ridursi essere un meccanico e dinamico. Disinteressandosi del tutto della dimensione psicologica, i futuristi disprezzano i comuni atteggiamenti spirituali e sentimentali nei confronti della donna e dell'amore. Di qui la poesia si estende alla sensibilità romantica e decadente.a essere rifiutata, di conseguenza, è anche la letteratura che si basava su questi valori e che viene considerata come espressione di una civiltà ormai superata: dalla più antica tradizione critica, tra mandata dall'insegnamento, fino alle tendenze più recenti, le quali lo stesso Marinetti aveva in precedenza di rito.solo la "velocità", considerata alla stregua di un nuovo Dio, può contemperare in sé tutti i valori, spirituali e morali, dell'uomo, come riportato in un manifesto del 1916, "la nuova religione-morale della velocità".

LATINO:

Al tempo di Quintiliano era vivo il dibattito sulla decadenza dell'oratoria, per cause morali: maestri corrotti e corruttori dei consumi dei loro allievi, oratori ridotti al ruolo di dilatori a soldati, non potevano che produrre un'eloquenza del genere. A tale dibattito si inseriscono diverse opere del periodo, tra cui il *Dialogus de oratoribus* tacitiano e, sul fronte greco, l'anonimo trattato *Sul sublime*. Questi offrono un'analisi estremamente acuta della crisi: il venir meno della *libertas* repubblicana aveva annullato lo spazio di un autentico confronto politico; l'andamento dei processi, d'altra parte, era perlopiù condizionato dai desideri della famiglia imperiale, prescindere dell'abilità dell'avvocato, così che anche l'oratoria giudiziaria vedeva ridimensionato il suo valore. Preclusi all'oratoria il Foro e i tribunali, il solo spazio rimasto per l'esercizio dell'eloquenza erano le scuole, dove si declamavano esercitazioni retoriche su temi fittizi, le *declamationes,* che finirono col promuovere la ricerca di un virtuosismo esasperato, vero trionfo della forma sui contenuti. Non va dimenticata la parodia che di tale dibattito venne fatta nel Satyricon petroniano, che, nella forma in cui oggi lo leggiamo, si apre proprio con una vivace discussione in merito tra il protagonista encolpio, studente di retorica, e Agamennone il retore. Anche Quintiliano prende posizione in questo dibattito: oltre che con il De causis coruptae eloquentiae, lo fa soprattutto con la Institutio oratoria. Nella *Institutio oratoria* rivela una visione moderna dei metodi educativi, nella convinzione che si debbano assecondare le propensioni naturali degli allievi e che le punizioni corporali siano tutt'altro che efficaci, l'apprendimento non può essere frutto di costrizioni, ma di giusti stimoli. Il rapporto maestro-allievo non deve essere improntato alla paura, bensì alla reciproca fiducia e anche al gioco, soprattutto nelle prime fasi, che deve essere graduale e commisurato alle capacità di ogni età. Inoltre, preferisce una scuola pubblica rispetto alle private, in modo tale che gli alunni possano competere in modo sano. Queste idee innovative disegnano Quintiliano come un precursore della moderna pedagogia. E sul piano retorico, iniziava ad emergere una tendenza arcaicizzante, che prevalerà con frontone, godeva anche di tendenza moderna, che trova il suo campione in Seneca, con una prosa spezzata, concetto sa, fatta di *sententiae* hai effetto, che Quintiliano condanna come corrotta e degenerata. La soluzione è una reazione "classicistica", che si concretizzano intorno alla misura classica, in solubilità espressiva per una rigenerazione morale. Il modello che meglio incarna questo ideale classico e Cicerone, cui Quintiliano guarda come exemplum di stile, contraddistinto da armonia equilibrio e impegno civile e morale. Quintiliano ripropone la figura del perfetto oratore come "Uomo onesto, esperto nel dire", nota di Catone, perfettamente incarnata dall'Arpinate. Duraturi ideale somiglia a Cicerone per la vastità di competenze culturali richieste, con un fondamentale ridimensionamento del ruolo della filosofia. Non ce la ostilità verso i filosofi; tuttavia, aderendo alle direttive del regime imperiale, si dimostra critico nei confronti della filosofia, perché tradizionalmente catalizzatrici del dissenso politico. Oltre all'uomo e la cultura, il perfetto oratore è un cittadino al servizio del bene comune, capace di orientare le scelte del Senato e del popolo. Quintiliano traspone situazioni e modelli validi ai tempi di Cicerone, quando fioriva la *libertas* repubblicana, il cui potere imperiale assoluto ha in realtà svuotato il ruolo dell'oratore della concreta possibilità di incidere sulla vita politica. L'oratore ideale non ha come professione il servizio ai *princeps*. Quintiliano, come dopo Tacito, reputava il principato un male inevitabile, e, pur senza mai dirlo, ben conscio delle mutate condizioni storiche, cerca di ricavare per l'oratore il massimo spazio e la massima dignità possibile. Le doti morali a cui continuamente richiama i futuri oratori sono la garanzia contro un acritico, quanto pericoloso, servi amento asservimento al regime e l'unico freno possibile al suo potere, altrimenti senza limiti.

FILOSOFIA:
Sigmund Freud, di origini ebraiche, nacque a Vienna. Si laureò in medicina, dopodiché inizio le prime esperienze nel campo medico, sperimentando anche la tecnica dell'ipnosi, tuttavia, egli capì subito che essa non era efficace e iniziò gli studi su quella che avrebbe rivoluzionato di lì a poco la psicologia ovvero la scoperta dell'inconscio. Nel corso degli anni 20 del Novecento, per l'effetto della grande guerra, e li modifico alcune tesi di fondo del suo pensiero. La psicoanalisi presenta tre aspetti fondamentali:

- È un procedimento volto all'analisi dei processi mentali inconsci;

- È una forma particolare di psicoterapia, che sviluppa il metodo delle libere associazioni e dell'interpretazione dei sogni e che presuppone lo sfruttamento del **transfert**, una particolare relazione che si instaura fra analista e paziente; porre delle continue domande in modo che il paziente riesca ad arrivare alla motivazione e la risolva da sola, ma in questo rapporto, secondo Freud, accade il transfer ovvero riconoscere il paziente nel dottore, come il caso della Spielrein, conoscere e risolvere le problematiche immedesimandomi nel paziente;

- È una teoria sul funzionamento psichico dell'individuo sia normale che non.

È giunto alla conclusione che l'ipnosi presentava effetti terapeutici poco durevoli, non era sempre facile da indurre e risultava di fatto un'imposizione coercitiva da parte del terapeuta sul paziente. Proprio questo carattere impositivo rischiava in ultimo di influenzare i pazienti, invalidando così l'intero processo terapeutico. Emblematico in questo senso fu il caso di Anna O.: per la prima volta, in dissenso con Breuer, Freud tentò nuove ipotesi di indagine, in particolare, inizio a pensare che listeria avessi una relazione con la sfera sessuale che fosse anzi da imputare a un trauma psichico di natura sessuale (ipotesi rifiutata da Breuer). Cambiando la tecnica Freud comprende che le problematiche dei suoi pazienti erano dovuti alla loro infanzia, e in particolare al loro rapporto con la sessualità; perciò, il grande problema dell'essere umano è una sessualità non risolta. Tutti coloro che in età adulta presentano una problematica mentale da piccoli hanno avuto un trauma o una sessualità repressa. Freud giunse alla conclusione che i traumi sessuali risalgono all'infanzia. Il bambino perde la sua immagine tradizionale di innocenza e incomincia ad apparire affetto da complesse pulsioni sessuali, alla cui felice risoluzione corrisponde una vita psichica normale nell'individuo adulto. A questo punto Freud modifica la prospettiva di Breuer:

- Retrodata la ricerca delle origini delle singole manifestazioni nevrotiche;

- Attribuisce alla nevrosi una natura sessuale;

- Elabora nuove strategie di indagine con interpretazione dei sogni, le libere associazioni e il transfert.

Nel sogno, secondo Freud, si manifestano sotto forma di simboli i nostri pensieri e desideri repressi dal conscio. Uno dei sogni tipi che Freud riporta nell'Interpretazione dei sogni è: quello di essere nudi di fronte agli altri, provare grande imbarazzo, ma non riuscire a muoversi per sottrarsi agli sguardi. Nel sogno colpisce l'indifferenza degli altri che guardano. Tale sogno esprime un ricordo della primissima infanzia, in cui è usuale essere nudi senza vergogna in presenza di altri, e al tempo stesso manifesterebbe nel paziente adulto un desiderio represso di esibizionismo. All'interpretazione dei sogni si associa quella degli atti maldestri, dei lapsus, delle dimenticanze, cioè di quell'insieme di comportamenti che Freud definisce psicopatologie della vita quotidiana, per citare il celebre titolo della sua opera omonima: tali comportamenti costituiscono una sorta di percorso a ostacoli nella ricerca delle ragioni profonde dei trami comportamentali di coloro che sono sottoposti ad analisi.

Tra i metodi più famosi della psicoanalisi è sicuramente quella delle libere associazioni, durante la quale al paziente viene lasciato al libero flusso dei suoi pensieri, dopodiché quando si presenterà un blocco, a causa dell'inconscio che cercherà di reprimere un trauma, lo psicoanalista dovrà porre una serie di domande per superarlo. Tuttavia, durante la terapia psicoanalitica si manifesta un particolare fenomeno, il transfert. Ovvero, quando il paziente rilascia emozione di amore e odio sullo psicoanalista, diventandone dipendente tanto da rendere difficoltosa l'interruzione della terapia. Allo stesso modo anche lo psicoanalista potrebbe immedesimarsi nel paziente, come il celebre caso della Spielrein. Un'altra tecnica è quella dell'abreazione, ha lo scopo di provocare una forte emozione tale da rievocare alla memoria del paziente il trauma subito. A fondamento del metodo psicoanalitico vi è l'idea che i traumi psichici derivino da rimozioni di pulsioni sessuali, cioè di quella che Freud definisce libido. La libido è la pulsione sessuale ingovernabile, capace di produrre stimoli e desideri in misura soverchiante per il poggetto e in modo continuo. Freud non solo la riflessione sulla nevrosi, ma anche tutta la teoria della formazione della personalità si basi sulla progressiva condizione di adattamento o rimozione delle pulsioni libidiche.

STORIA:

Col termine "Belle Époque" ci riferiamo al periodo storico, culturale e artistico che va dalla fine dell'Ottocento allo scoppio della prima guerra mondiale. Bella epoca perché a seguito di una serie di progressi ed invenzioni si modificò lo stile di vita delle classi borghesi. Già nella seconda metà dell'800 abbiamo l'inizio di diversi studi scientifici e innovazioni tecnologiche. Per i primi possiamo parlare di cosiddetta idea di progresso, tanto che nel 1889 a Parigi si apre l'Esposizione Universale, in cui ogni paese presentava i propri nuovi prodotti del progresso.

In quell'occasione, si innalza la Tour Eiffel, messa a punto da Gustave Eiffel, diventato il simbolo del progresso proprio perché era fatta di acciaio, materiale innovativo del periodo e poi per la sua altezza come a simboleggiare la salita verso il cielo. La Belle Époque viene anche chiamata seconda rivoluzione industriale perché seguiva la prima nel 1700 che in modo coevo a quella Americana e Francese, avevano rappresentato il 1700, cioè il periodo chiamato "Età delle rivoluzioni". Con questa nuova rivoluzione industriale abbiamo l'utilizzo di nuove fonti di energia: al carbone, si aggiungono il petrolio e l'elettricità e come materiale edile vi è l'introduzione dell'acciaio (le applicazioni dell'acciaio furono tante in campo edile: ferrovie, ponti, strade, edifici ecc..). Il petrolio, chiamato oro nero, copre una vasta gamma di applicazioni con diretta conseguenza della nascita del motore a scoppio: un motore che utilizza i derivati del petrolio per compiere combustione e produrre energia, a questo si aggiunge la nascita di industrie automobilistiche, come ad esempio nel 1889 la nascita della FIAT (acronimo di Fabbrica Italiana Automobili Torino). L'elettricità di Edison, ingegnere e studente americano che mise a punto la prima lampadina già nel 1879 che va a sostituire l'illuminazione a gas e a petrolio. Durante la Belle Époque l'elettricità viene poi applicata anche alle fabbriche. L'elettrificazione delle fabbriche o meccanizzazione rivoluziona il mondo lavorativo: nacque la turnazione, ossia la divisione del lavoro a seconda delle fasi di fabbricazione del prodotto, quella che verrà chiamata catena di montaggio. La cantena di montaggio, già sperimentata nell'Inghilterra del 1700 in una fabbrica di spilli, ora viene applicata per la prima volta su larga scala. Ciò viene messo in atto dall'ingegnere statunitense Frederick Taylor nella fabbrica automobilistica della Ford, per questo si parla anche di Taylorismo. In questo periodo nascono le prime forme di specializzazioni, le qualifiche dell'operaio, in contrapposizione a questo nella catena di montaggio non era richiesta una speciale qualifica ma una preparazione generica era più che sufficiente in quanto la mansione era sempre la stessa. L'elettrificazione delle fabbriche porta anche al lavoro notturno. Anche le città vengono elettrificate: Londra fu la prima città al mondo ad avere una rete elettrica pubblica, in Italia la prima città fu Milano verso gli anni '20, mentre Napoli fu la prima città d'Italia ad avere un impianto di illuminazione a gas. Il bolognese Marconi per la prima volte fa una trasmissione radiotelegrafica senza filo. Nasce anche un nuovo modo di fare notizia con le testate giornalistiche: "Corriere della sera", "Il Messaggero", "Washington post". I due fratelli Wright mettono a punto l'aereo tra l'800 e il '900 tant'è vero che all'inizio del '900 compiranno il primo volo sulla manica per testare questo nuovo mezzo. Questo nuovo stile di vita ha come conseguenza su cultura e società la nascita del Desing che si basa sullo "Stile Liberty", in Italia "Floreale", in Francia "Art Nouveau". Questo è lo stile degli oggetti che entrano a far parte della vita quotidiana dei borghesi. Un nuovo modo di fare arte è il "Futurismo" che celebra il mito della velocità e della guerra vista come purificazione del mondo. Nasce inoltre un altro nuovo modo di fare arte, "l'Impressionismo francese" dove i pittori inizieranno a dipingere "en plain air" in quanto l'industria comincia a produrre i colori nei tubetti. Nascono i tre grandi sport di massa (calcio, corse automobilistiche e ciclismo) e le due più grandi manifestazioni del settore: il Giro d'Italia e il Tour de France. Da qui nasce il tempo libero, l'idea dello shopping e dei grandi magazzini (Milano come prima città vede la comparsa dei negozi: Standa, Brambilla e Grandi Magazzini). Nasce il varietà, il cinema con i fratelli Lumière, il teatro, i vari locali di intrattenimento. Nasce in questo periodo la cosiddetta società dei consumi, con la conseguente nascita della pubblicità con le sue varie forme come i manifesti di Toulouse-Lautrec. A tutto ciò si aggiunge il problema delle condizioni degli operai: iniziano quelle lotte che porteranno alla nascita delle organizzazioni che già nel corso della prima rivoluzione industriale si chiamavano "Trade Unions". Le richieste erano: l'aumento dei salari, la riduzione delle ore di lavoro e un giorno festivo alla settimana. E ancora, nascono anche i partiti politici che all'inizio si occupavano della tutela dei lavoratori e il movimento delle Suffragette che chiedevano il diritto al voto, un diritto che arriva solo nel 1946.

ARTE:

Picasso, esponente della corrente del cubismo, nonché movimento delle avanguardie artistiche. Queste sono nate in risposta agli eventi dolorosi che hanno caratterizzato gli anni precedenti, come le varie guerre. Ora gli artisti vogliono distaccarsi dai canoni del passato e andare oltre. Tuttavia, sono influenzate anche dalle scoperte dell'epoca come, ad esempio, la teoria dell'inconscio di Freud e la relatività ristretta di Einstein.
Obiettivo cubismo: abbandonare la visione prospettica, scomporre e ricomporre il dato reale su un piano in tutte le visioni, per rendere la totalità. Rendere la realtà nella sua totalità è necessario per dare una conoscenza

totale all'osservatore, fornendogli una visione a 360° e dandogli più informazioni possibili sul dato reale in una visione simultanea.

Pablo Picasso nasce nel 1881 a Malaga. Il padre era un pittore e un insegnate d'arte. Picasso era un bambino prodigio, infatti a 10 anni frequentò scuola d'arte, nel 1895 venne ammesso all'Accademia di belle arti a Barcellona e poi alla Scuola reale a Madrid. A 14 anni espose una sua opera ad una mostra e fu apprezzato dalla critica "A 13 anni dipingevo come Raffaello. Ci ho messo una vita per imparare a dipingere come un bambino" —> secondo Picasso, riportare il dato reale così come appare è più semplice che reinterpretarlo. Nel 1901 si trasferisce a Parigi.

GUERNICA: È una città basca in cui si riuniva l'Assemblea di Biscaglia, sotto la quercia —> simbolo di libertà e pace che rappresenta la popolazione basca

Il 26 aprile 1937 durante la guerra civile spagnola, la città è stata bombardata alle 14.30. Quel giorno c'era il mercato, per cui il centro era pieno di massaie e bambini; in url momento videro passare in cielo degli aerei Condor (nazifascisti), che aiutavano Francesco Franco, bombardando la città radendola al suolo. Dopo il bombardamento la città era completamente distrutta. Migliaia di donne, bambini e animali morirono. Questo atto fu interpretato come un atto terroristico, poiché non c'erano dei fronti con la possibilità di difendersi. Picasso in quel momento era a Parigi e stava preparando il quadro da esporre all'Esposizione Universale; doveva realizzare un soggetto per sensibilizzare l'opinione pubblica contro Francesco Franco e i suoi alleati. Picasso era un pacifista, un democratico e contro guerra; perciò, quando prese la notizia del bombardamento, iniziò l'opera di Guernica.

In 2 mesi crea 50 studi dei soggetti e 7 versioni dell'opera; il tutto venne documentato dalla compagna Dora Maar. Guernica è un'opera molto grande (8 x 3.5 m)

Obiettivo: dare all'osservatore un grande impatto emotivo

Picasso rappresenta il caos che si lega al momento drammatico durante e dopo l'esplosione. Il caos viene rappresentato secondo d'uno studio che è perfettamente bilanciato in tutta l'opera. Il linguaggio dell'opera è di derivazione cubista, in cui le varie figure sono frammentate —> cubismo analitico; ciò avviene soprattutto nella parte bassa-centrale e meno nella parte alta —> cubismo sintetico

Picasso riproduce contemporaneamente:

- Visioni esterne, sul lato destro dove si trova un palazzo in fiamme con una persona che urla

- Visioni interne, sul lato sinistro dove si trova un lampadario

Questo perché dopo bombardamento la maggior parte delle strutture architettoniche vennero distrutte

- Lato Sinistro: una madre urla disperata con il figlio morto in braccio (si capisce da naso al contrario), ha la bocca spalancata. Valore simbolico-religioso —> la Pietà di Michelangelo

- Lato Destro: è il contrappeso del lato sinistro. La figura che esce dal palazzo in fiamme ha la stessa testa della donna con il bambino. Valore simbolico-religioso —> Maria Maddalena sotto la croce di Gesù

Tutto ciò indica che lo studio dell'opera avviene dal lato destro e c'è un andamento crescente, in modo da formare una piramide e altre figure che si sovrappongono. Altre figure presenti nel quadro sono:

- la donna che corre da destra a sinistra è spaventata

- la donna che esce dalla finestra

- il braccio che sporge con lampada ad olio che coincide con lampadario per posizione: queste sono 2 fonti di luce ad olio ed elettrica. Messaggio —> la guerra crea degrado e un ritorno al passato in senso tecnologico, stato di regresso

- il cavallo ferito ha la bocca spalancata, la lingua sporge come delle punte di una lancia, Messaggio —> anche gli animali furono coinvolti nell'esplosione

- il toro indica l'irrazionalità dell'orrore dell'azione terroristica (—> Sonno della ragione genera mostri, Goya)

- nella parte bassa c'è un soggetto esanime sdraiato per terra con la mano spalancata, morto e con la spada spezzata. Valore simbolico —> mettere un fermo alla guerra e ai combattimenti

- il particolare del fiore sopravvissuto alla strage, reso come i bambini. Messaggio —> simbolo di vita, speranza e rinascita. L'azione del bombardamento è ancora in atto e ciò si capisce dalle parti chiare, che sono i bagliori delle esplosioni. Ciò dà l'idea del rumore degli aerei e le urla delle genti ferite e morte; le case in fiamme danno l'idea dell'odore delle case e dei corpi bruciati

L'opera ha linee morbide e spezzate. La superficie è piana. Il colore è planimetrico e monocromo; infatti, Picasso utilizza solo il bianco e nero (colori non approvati dagli impressionisti), perché colori danno all'osservatore idea della vita, ma in questo caso è presente solo la morte. Inoltre, la scelta dei colori è dovuta al fatto che Picasso vede la notizia del bombardamento sul giornale, che riportava delle foto in bianco e nero e perciò decide di non usare colori —> Idea della morte.

INGLESE:

Mary Shelley was born in 1797, by the father William Godwin and the mother Mary Wollstonecraft, who died a few days after her birth.
In 1814, at the age of sixteen, she met and ran away with the poet Percy Shelley.

During her life, Mary Shelley was ignored by social circles and she worked as a professional writer.
In 1818, she wrote her masterpiece Frankenstein. The idea for the book came when she was in Genova with Percy and Byron.
Her other works include The last man, a story about the end of humanity, wiped out by a plague, and of the only survivor.

Frankenstein begins when an arctic explorer, Robert Walton, meets Victor Frankenstein, who tells Robert his story, which we discover from the letters that Walton was writing to his sister. Frankenstein was a brilliant student of chemistry, and he discovered the secret of giving life to inanimate matter. He decides to create a living being from parts of dead bodies. The creature has supernatural strength and great intelligence, but also a horrible appearance. The creature, who becomes more and more lonely and miserable, turns into a destructive and homicidal monster. He takes revenge on Frankenstein's brother, murdering him, his friend and his bride. Frankenstein follows him to the Arctic, but after leaving Walton, he dies while searching for the monster.

Frankenstein is structured as an epistolary novel. The narrator is an explorer who meets the scientist Frankenstein before he dies. Frankenstein tells the narrator his story tale, but at a certain point in the book, the perspective shifts from the narrator to that of the creature, entering in his mind. Shelley shows us how an innocent creature can be corrupted by a hostile society, at the point where he decides to take revenge.
Is more sophisticated than an ordinary gothic romance. It transforms into an enquiry on the nature of creation, scientific responsibility and social justice.
The novel can be seen as a feminist critique of male rationalism and to the idea that science can reveal all the secrets of the universe. Mary Shelley also reveals man's envy of woman's power to create life.
The poem gives us the first indication of a dark side to scientific positivism. The figure of the creature himself is

much more complicated than the evil monsters in a horror story. He begins his life as an incarnation of a "noble savage".

SCIENZE:

Cellule di derivazione animale (quindi anche di uomo) possono essere fatte crescere in coltura, anche se con metodi più complessi rispetto ai precedenti. Se per esempio si vogliono coltivare cellule che derivano da un particolare tessuto umano, per prima cosa bisogna isolarle da un frammento del tessuto di interesse. Per far questo, si utilizzano enzimi e sostanze chimiche che degradano la matrice extracellulare e porta-no alla separazione delle cellule. Le cellule così preparate vengono inserite all'interno di capsule di Petri, di solito direttamente sulla superficie solida opportunamente trattata e rivestita con sostanze diverse a seconda del tessuto che si vuole coltivare. Spesso sono necessarie proteine, come il collagene (che in pratica rendono questo ambiente artificiale più simile a quello di provenienza) e sostanze particolari chiamate fattori di crescita, senza le quali le cellule iniziano rapidamente a morire. I fattori di crescita sono aggiunti a un «terreno di coltura liquido», ovvero una soluzione acquosa contenente sali, sostanze nutritive, e in generale tutto quanto ser-ve alla sopravvivenza delle cellule. Le capsule vengono incubate alla giusta temperatura, esposte alla giusta quantità di ossigeno e CO e mantenute in ambiente sterile. In molti casi le cellule sono trasferite dalle piastre iniziali per produrre un gran numero di piastre secondarie ed essere coltivate per settimane o mesi. Sistemi in vitro Con le colture cellulari si ottengono dei tipi cellulari omogenei, all'interno di microambienti dei quali è possibile controllare quasi tutte le caratteristiche. Questi microambienti vengono chiamati sistemi in vitro. È possibile condurre un'enorme varietà di esperimenti in vitro, diversi da quelli svolti sull'intero animale, definiti esperimenti in vivo. In certi casi, è stato possibile ottenere linee cellulari «immortalizzate», come le famose cellule Chela. Nel 1951, negli Stati Uniti, venne prelevato un campione di tessuto tumorale da una paziente di nome Henrietta Lacks, che successivamente morì a causa del male. Il campione venne posto in coltura, e si ottennero così delle cellule che ancora oggi sopravvivono e continuano a moltiplicarsi. Il nome dato a questa linea cellulare deriva dalle iniziali della paziente a cui venne fatto il prelievo. Numerosi studi, in laboratori di tutto il mondo, fanno uso di queste cellule, per ricerche di biologia cellulare e molecolare, o per te-stare farmaci, solo per fare alcuni esempi. La maggior parte dei tipi cellulari sono programmate per non crescere in modo indefinito, e così anche in vitro smettono di riprodursi dopo un certo numero di divisioni cellulari. Non è un caso che la prima linea di cellule immortali derivi da un tessuto tumorale: in questo tipo di malattie vengono di solito rimossi i meccanismi che controllano la crescita e il ciclo cellulare in generale. "Immortali zare le cellule" significa ottenere cellule umane che si riproduco-no indefinitamente in coltura, rimuovendo i normali meccanismi di controllo del ciclo cellulare. In pratica, si ottengono cellule che si riproducono in modo continuo, e che assomigliano in maniera più o meno marcata a quelle che in vivo causerebbero un tumore. L'moralizzazione delle cellule non è semplice: essa necessita di cambiamenti a livello genetico. Per ottenere queste mutazioni si possono utilizzare sostanze chimiche mutagene oppure (con maggiore efficacia) dei virus modificati. Questi strumenti sono utilizzati per alterare alcuni particolari geni, coinvolti nella regolazione del ci-col cellulare. In altri casi, per indurre le cellule a sopravvivere indefinitamente si agisce riattivando dei geni divenuti inattivi, come quello che codifica la telomerasi, un enzima che «allunga» la vita delle cellule. Per alcuni tessuti, è più facile ottenere colture cellulari: si tratta di quei tessuti nei quali, nell'adulto, le cellule sono a rapido ricambio (turnover), come per esse-pio la pelle o la cartilagine. La nostra pelle viene cambiata completamente in circa quattro settimane. Essa, in condizioni normali, essendo esposta all'ambiente esterno, viene sollecitata in molti modi diversi (abrasioni, bruciature, lesioni di vario tipo). Per rispondere a questi traumi, la pelle possiede un'elevata capacità rigenerativa, che permette di riparare i danni e formare cicatrici che spesso, successivamente, scompaiono del tutto. Questa capacità è dovuta alla presenza di cellule staminali, ovvero cellule che sono dotate una duplice caratteristica: sono infatti in grado di trasformarsi in diversi tipi cellulari specializzati (poterci) ma anche di auto rinnovarsi (self-renala) per garantire la presenza costante di una "riserva" di cellule staminali nel tessuto in cui risiedono. Alcune linee cellulari sono state ottenute da cellule staminali embrionali umane. Tali cellule furono isolate per la prima volta sul finire degli anni '90 a partire da embrioni umani sovrannumerari, prodotti per la fecondazione assistita. Le colture di cellule staminali embrionali sono state ottenute a partire da stadi molto precoci (pochi giorni di sviluppo dopo la fecondazione). Le cellule staminali embrionali possono riprodursi indefinitamente e differenziarsi in qualsiasi tessuto dell'adulto. Per questo, esse potrebbero essere utilizzate per curare delle malattie attualmente incurabili. Il loro impiego avviene prevalentemente nell'ambito della medicina rigenerativa, cioè laddove si debba sostituire un tessuto danneggiato a causa di una malattia (come nella sclerosi multipla, nei danni traumatici al sistema nervoso, in vari tipi di tumore, ecc.). Le cellule staminali embrionali, mediante appropriati protocolli di differenziamento, sono indotte a produrre in vitro le cellule del tessuto malato; queste vengono poi trapiantate in vivo nell'organo danneggiato. Oggi esistono già sperimentazioni cliniche di questo tipo, per esempio con cellule retiniche. Siccome questi tipi cellulari sono ottenuti a partire da embrioni umani, che vengono distrutti nel procedimento, il loro utilizzo pone dei problemi etici: l'embrione da cui si parte contiene in sé la potenzialità di dar vita a un essere umano, per questo molte persone ritengono che l'utilizzo di queste cellule equivalga a distruggere una vita. Attualmente è possibile ottenere cellule staminali an-che a partire da cellule differenziate, "riprogrammandole", oppure isolare cellule staminali da vari tessuti dell'adulto. Queste sono utilizzate in protocolli di terapia cellulare (ad esempio per ricostruire la super-ficaie corneale) e di terapia genica (ad esempio per correggere malattie genetiche del sangue o della pelle (lezione 1) del capitolo successivo). Le cellule staminali embrionali possono dare origine a qualsiasi tipo di tessuto, e per questa caratteristica vengono dette pluripotenti. Quelle che derivano dai tessuti differenziati, invece, possiedono capacità più limitate, possono dare origine solo a certi tipi di tessuto, e vengono definite multipotenti o onnipotenti.

FISICA:

Invece, in questo caso è più semplice trovare un argomento che riguardi la relatività in fisica, perché nel XX secolo grazie ad Einstein si ebbe un enorme passo avanti grazie alla teoria della relatività ristretta e per l'invarianza della velocità della luce.

Considerando una macchina che percorre una strada rettilinea a velocità di 30m/s immaginiamo che ad un certo punto un passeggero lanci una palla ad una velocità di 10m/s rispetto all'automobile. Le trasformazioni di Galileo dicono che:

- Se la palla lanciata in avanti, la sua velocità nel sistema di riferimento dell'autostrada è la somma della velocità della macchina più quella della palla. 30m/s + 10m/s = 40m/s

- Se la palla è lanciata all'indietro, la sua velocità nello stesso sistema di riferimento è la differenza tra la velocità della macchina e la velocità della palla. 30m/s - 10m/s = 20m/s

In base alle equazioni di Maxwell, la regola che vale per la palla non vale per la luce. La luce emessa da un'astronave in avanti all'indietro alla stessa velocità in tutti sistemi di riferimento inerziaziale: entrambi i fasci di luce si propaga la velocità c, sia rispetto all'astronave sia, per esempio, rispetto al sole. Verso la fine del XIX secolo si pensava che le onde luminose, in analogia con quelle meccaniche, si propagassero in un particolare mezzo materiale chiamato **etere luminifero**, presente ovunque nell'universo. Ammettendo l'esistenza dell'etere, Maxwell suppone che le leggi dell'elettromagnetismo fossero valide solo nel sistema di riferimento in cui lettere è in quiete. Su questa teoria verrà fatto un esperimento da Michaelson e Morley che risulterà fallimentare, perciò questa teoria non verrà accettata. La contraddizione tra meccanica ed elettromagnetismo ha portato la fisica classica ad una crisi. Albert Einstein propose di abbandonare i vecchi schemi e rifondare la fisica su due principi:

- **Principio di relatività ristretta.** Le leggi e principi della fisica hanno la stessa forma in tutti sistemi di riferimento inerziali.

- **Principio di invarianza della velocità della luce.** La velocità della luce nel vuoto è la stessa in tutti sistemi di riferimento inerziale, indipendentemente dal modo del sistema o da quello della sorgente che emette la luce.

Per Galileo le leggi della meccanica non devono cambiare da un sistema di riferimento nel cielo all'altro. Einstein estende lo stesso principio della meccanica a tutta la fisica. Il primo principio nasce dalle convinzioni di Einstein che la natura sia regolata da leggi semplici. Infatti, la fisica è più semplice se tutte le leggi sono le stesse in ogni sistema inerziale. Il secondo principio è un caso particolare del primo: se le leggi della fisica sono le stesse in tutti i sistemi di riferimento, in ognuno di essi valgono le equazioni di Maxwell, che prevedono un unico valore per la velocità della luce nel vuoto. Siccome la luce è la stessa sia nel sistema del sole che in quello della terra, la percorrenza dei bracci dell'interferometro non dipendono da come orientato rispetto al moto relativo dei due sistemi: ecco perché la interferenza non varia.

Einstein concepirà il concetto di dilatazione dei tempi secondo cui: gli orologi in movimento rispetto annoi sono più lenti dei nostri non dipende dagli orologi, ma dal tempo: un orologio in un sistema di riferimento diverso da quello in cui è in quiete, scandisce un tempo diverso, rallentato. Questo fenomeno è reciproco. Se un astronauta passa davanti a noi muovendosi rapidamente e noi vediamo che il suo orologio va più lento per lui invece è il contrario. Se così non fosse, il principio di relatività ristretta sarebbe contraddetto. Tuttavia, la dilatazione relativistica dei tempi di Einstein non vale solo per gli orologi, ma per tutti i fenomeni naturali. Immaginiamo un astronauta che all'età di vent'anni viaggia verso una stella, invece, il suo gemello rimane sulla terra. L'astronauta impiega 10 anni per raggiungere la stella e quando si rincontrano di nuovo, Bruno a trent'anni e Carlo ne ha 52.

MATEMATICA:
potrei parlare della monotonia della funzione, poiché, spesso le funzioni vengono utilizzate per studiare ad esempio la diffusione di una malattia o per il progredire delle specie animali

Una funzione matematica è una relazione tra due insiemi a e B, chiamati anche dominio e codominio, che associa a ogni elemento del dominio a, uno e un solo elemento del condominio B.

La monotonia di una funzione è una proprietà che riguarda l'andamento di crescita e di the crescita di una funzione. Essa, solitamente, è riferita al suo dominio o ad un intervallo contenuto all'interno del suo dominio. Possiamo avere quattro tipologie di monotonia:

- Funzione monotona crescente: in altre parole è una funzione che cresce;

- Funzione monotona decrescente: in altre parole è una funzione che decresce;

- Funzione monotona non crescente: è una funzione che decresce o resta uguale;

- Funzione monotona non decrescente: è una funzione che cresce o resta uguale.

Sia f una funzione reale continua in un intervallo chiuso [a;b] e derivabile in (a;b):

- La funzione f è strettamente crescente nell'intervallo (a;b) se e solo se: $f'(x) > 0$ con x che appartiene all'intervallo

- F è strettamente decrescente nell'inervallo (a;b) se e solo se: $f' < 0$ con x che appartiene all'intervallo

Printed by Amazon Italia Logistica S.r.l.
Torrazza Piemonte (TO), Italy

60098663R00040